开路先锋
——中国中铁典型人物故事汇
（新时代篇）

本书编写组　编著

中国财经出版传媒集团

经济科学出版社
Economic Science Press

图书在版编目（CIP）数据

开路先锋：中国中铁典型人物故事汇. 新时代篇 /
本书编写组编著. —北京：经济科学出版社，2022.10
ISBN 978-7-5218-4093-3

Ⅰ. ①开… Ⅱ. ①本… Ⅲ. ①铁路局–先进工作者–
先进事迹–中国 Ⅳ. ①K826.16

中国版本图书馆CIP数据核字（2022）第184136号

责任编辑：王　娟　罗一鸣　李梦瑜
责任校对：杨　海
责任印制：张佳裕

开路先锋
——中国中铁典型人物故事汇（新时代篇）
本书编写组　编著
经济科学出版社出版、发行　新华书店经销
社址：北京市海淀区阜成路甲28号　邮编：100142
总编部电话：010-88191217　发行部电话：010-88191522
网址：www.esp.com.cn
电子邮箱：esp@esp.com.cn
天猫网店：经济科学出版社旗舰店
网址：http：//jjkxcbs.tmall.com
北京季蜂印刷有限公司印装
787×1092　16开　19.75印张　300000字
2022年11月第1版　2022年11月第1次印刷
ISBN 978-7-5218-4093-3　定价：78.00元
（图书出现印装问题，本社负责调换。电话：010-88191510）
（版权所有　侵权必究　打击盗版　举报热线：010-88191661
QQ：2242791300　营销中心电话：010-88191537
电子邮箱：dbts@esp.com.cn）

编委会

序言
PREFACE

　　习近平总书记强调："一个有希望的民族不能没有英雄，一个有前途的国家不能没有先锋。"党的十八大以来，30万中国中铁人高举"开路先锋"大旗，栉风沐雨、南征北战，逢山开路、遇水架桥，涌现出一大批可歌可泣、可钦可佩的英模群体。我们组织编写的这本《开路先锋——中国中铁典型人物故事汇（新时代篇）》，记录了新时代46名国家级荣誉获得者的感人事迹。他们用热血、智慧和汗水，在服务国家重大战略特别是基础设施建设中创造了一个又一个奇迹，树立了一座又一座丰碑。

　　拼搏如诗，奉献如歌。这些先进典型勇立潮头敢为先，乘风破浪正当时。他们是新时代传承"开路先锋"精神的标兵楷模，是推动企业高质量发展的中坚力量。每一个名字背后，都有一段精彩鲜活、生动感人的故事，诠释了中国中铁人的精神境界和价值追求，回顾了中国中铁艰苦卓绝、波澜壮阔的奋斗历程。他们的事迹和精神，就像灯塔般引领我们前行。

　　崇尚英雄才会产生英雄，争做英雄才能英雄辈出。本书旨在为英模立传、为企业明德、为时代鼓呼，增强全体员工的志气、骨气、底气。希望广大干部职工以他们为榜样，赓续精神血脉，传承红色基因，践行初心使命，在建设世界一流企业的新征程上砥砺奋进、勇毅前行，以实际行动坚决拥护"两个确立"，增强"四个意识"，坚定"四个自信"，做到"两个维护"，努力为全面建设社会主义现代化国家、全面推进中华民族伟大复兴作出新的更大贡献。

　　　　　　　　　　　　　　　　　　　　　本书编委会

　　　　　　　　　　　　　　　　　　　　　2022年11月

目录
CONTENTS

目 录

用桥梁描绘绚丽人生

——记中国工程院院士、中国中铁首席科学家 高宗余

高宗余一直坚守在桥梁科研、设计、施工一线，在高速铁路大跨度桥梁、多塔缆索承重桥梁、复杂环境跨海桥梁建造领域不断创新设计方法和结构体系，研发共性关键技术，创造性解决工程技术难题。他主持设计了包括京广、京沪高铁跨长江黄河大桥在内的五十余座特大型桥梁，这些"世界之最"宛如一颗颗明珠，托起了他的建桥人生。

十年专注 让桥梁梦想照进现实

常有人说，高宗余其人如桥，静默无言却行无尽善举，卸去浮华而永固长青。在高宗余成长奋进历程中，严谨、专注、务实的品质更是给他增添了直面困难和挑战的无穷勇气。

在他的建桥生涯中，最令高宗余印象深刻的是规划建设沪苏通长江公铁大桥。沪苏通铁路既是中央政府批准的《中长期铁路网规划》（2016修订版）中沿海铁路通道的重要组成部分，也是长江三角洲城际铁路网中"南通—苏州—嘉兴"城际铁路的跨江通道，还是规划中"无锡—南通"高速公路的过江通道。而作为新建沪通铁路全线的控制性工程，沪苏通长江公铁大桥地位之重要可想而知。

高宗余工作照

　　2005年，高宗余第一次接触沪苏通长江公铁大桥，从那时起到2015年，十年间，高宗余为沪苏通长江公铁大桥勘察选址频繁往来南通十余次。在经过数年的桥址比选和通航安全论证后，2010年7月，为充分利用过江资源，同时保证桥梁与航道安全，高宗余选定在规划的锡通桥位建设沪苏通长江公铁大桥。

　　桥位确定后，第二步就是确定跨度，只有位置定了、跨度定了，才能定桥型。高宗余考虑到，长江是全世界最繁忙的航运通道，为充分利用宝贵的桥位资源，保证黄金水道畅通，节约投资，大桥应按铁路、城际和公路共用通道过江设计，形成综合性过江通道。这样一来，就需同时满足公路、铁路、水运和防洪等诸多方面的建桥条件，大桥的设计、施工、维护的难度可想而知，许多关键技术都需要组织专题论证。

几经筛选、优化，大桥设计方案最终采用斜拉桥的桥型，通过斜拉桥、钢桁梁等先进技术，使大桥能够适应大跨度重载的需求。按照设计规划，沪苏通长江公铁大桥设计规模是世界第二、国内最大的斜拉桥，集国铁、城际铁路和高速公路于一体，大桥主塔高330米，为世界最高的桥梁主塔；大桥主跨1092米，建成后将是世界最大跨度公铁两用斜拉桥，从而书写世界桥梁历史上的又一个里程碑。

作为沪苏通长江公铁大桥的设计者，回首往昔，高宗余感慨万千："经过设计人员十多年的不懈努力，沪苏通长江公铁大桥于2014年正式开工建

高宗余工作照（右一）

设，将于2020年7月建成通车，南通人民的铁路过江期盼，终于从梦想走进了现实！"

　　作为著名的桥梁工程师，高宗余设计了诸多桥梁，但他不喜欢被人称为"某某桥之父"，却愿意将每一座桥看作自己的孩子。出差时路过，他会去看看这些桥，看到大桥稳稳地屹立在大江大河大海之上，他总有说不出的欣慰。

坚持奔跑　不断刷新世界建桥记录

　　"桥梁建设20世纪70年代以前看欧美，90年代看日本，21世纪看中国。"这是在桥梁建设行业流行的一句话。现代建桥看中国，不仅仅是指中国建桥数量上的优势，更是体现在质的指标上。

　　高宗余常说："创新的目的不是标新立异，而是不断进步"，在他的深刻思辨中，创新与胆识总是交相辉映。

　　随着新世纪中国高铁的迅猛发展，高宗余将精力投入到高铁大跨度桥梁的设计上。京广高铁武汉天兴洲公铁两用长江大桥是高宗余桥梁生涯中的又一座里程碑。"上面跑汽车，下面跑火车"，公铁两用这种桥的结构难度远大于普通的公路桥。当接手这座大桥的设计时，高宗余在国内已是知名的桥梁设计师。守成，是一种无风险的作法，但必须整体抬高桥梁，加大杆件尺寸，从而造成工程量、材料量猛增。为了实现经济合理、结构合适、受力完美，他提出了全新的设计方案，在这座当时世界上最大跨度的公铁两用斜拉桥上采用三索面、三主桁的方案。

　　方案刚提出就有专家反对，其中国外桥梁专家认为该方案在世界上没有先例，存在巨大风险。他们认为还是采用常规方案好，安全风险可控。争议声中，大桥设计一度陷入进退两难的窘境。是墨守成规，还是勇于创新？高宗余坚定地选择了后者。

难关被一个个攻克，通过一系列科学严谨的研究，他的团队完全论证了三索面三主桁桥梁结构技术经济的可行性和合理性。与传统的双索面结构相比，这种方案节省用钢 3330 吨，铁路和公路桥面高度降低 1 米，两岸引桥也可相应降低高度、缩短长度，节省工程造价 1.1 亿多元。经过五年多的建设，武汉天兴洲长江大桥顺利建成通车，收获了无数"世界之最、中国之最"。特别是在 2010 年 6 月，武汉天兴洲长江大桥荣获了第 27 届国际桥梁大会乔治·理查德森大奖，这是桥梁界的"诺贝尔奖"，每年全世界只评选一座。2014 年，武汉天兴洲大桥"三索面三主桁公铁两用斜拉桥建造技术"荣获国家科技进步一等奖。

长大跨海桥梁的建造是本世纪我国桥梁科技进步的重要成就。作为我国首批跨海大桥的主要负责人之一，高宗余在这一技术领域作出了突出贡献。在主持东海大桥设计中，他首创主航道桥的箱形结合梁斜拉桥新结构，既解决了海洋环境中的桥梁腐蚀问题，又满足了重载车辆专用桥对桥面的严格要求，为我国跨海桥梁工程的发展及通行重载车辆的大跨桥梁轻型化提供了宝贵经验。他提出的海洋环境下桥梁结构耐久性设计方案在后续修建的跨海大桥中获得广泛应用。在主持杭州湾大桥设计中，高宗余针对风大浪高的情况，为非通航区桥梁设计了整孔箱梁预制吊装、先简支后连续的方案，最大限度减少了海上作业量，确保了大桥施工安全和建造速度。在主持平潭跨海峡公铁两用大桥设计中，高宗余首次将"海洋水动力响应"概念引入到跨海桥梁工程设计之中。

由于长期坚守在桥梁科研、设计、施工一线，从事桥梁工程设计和研究工作，高宗余在高速铁路大跨度桥梁、多塔缆索承重桥梁、跨海大桥设计方面取得了突出成就，他先后荣获国家科技进步奖 6 项（其中：特等奖 1 项，一等奖1项，二等奖4项）、全国工程设计金奖、银奖各1项，省部级奖项8项，发明专利23项，发表论文47篇，出版专著2部。面对这一项项闪亮的荣誉，高宗余却处之泰然，"生命有长短，事业无终点，今天取得的成绩，只是明天事业的一个基点，所要走的路还很长"。

作为一名中国桥梁人，高宗余有着自己的信仰：一个人的生命只有几十年，一座桥却要屹立至少百年。于他而言，从填报桥梁专业的那一刻起，桥就是他生命的写照，更是他挥洒青春、挥洒智慧，用全部心血浇筑的人生最绚丽的彩虹。

高宗余简介

高宗余，男，汉族，1964年1月出生，无党派人士，江苏南京人，博士学位，教授级高级工程师，中国工程院院士，全国工程勘察设计大师，全国杰出专业技术人才，新世纪百千万人才国家级人选，享受国务院政府特殊津贴专家。现任中铁大桥勘测设计院集团有限公司首席专家。

高宗余长期致力于大型桥梁的设计、施工技术研究与管理工作，主持了武汉天兴洲长江大桥、南京大胜关长江大桥、东海大桥、平潭海峡大桥等多项国家重点桥梁工程的设计研究工作，解决了多项桥梁设计和施工中的关键技术。先后荣获国家科技进步特等奖1项、一等奖1项、二等奖4项，全国工程设计金、银奖各1项。在多塔缆索承重桥梁、高速铁路大跨度桥梁、跨海大桥设计研究方面取得突出成绩，为我国桥梁技术走向世界前列做出了突出贡献。

跨江飞海扬远志　建桥修路守初心

——记"全国工程勘察设计大师"、中铁二院党委书记、董事长　张　敏

　　1965年，张敏出生于江苏南通的一个小村庄，农家出身的他，最初的"梦想"只是长大后当一名生产队会计，聪颖而勤奋的张敏从小骨子里就有一股不服输的拼劲。功夫不负有心人，通过刻苦学习，1984年他高考中榜，考入西南交通大学，成为中国现代桥梁之父茅以升的校友。从此接过先辈的衣钵，开启了他与桥梁和铁路建设的不解之缘。跨江飞海、建桥修路，成为了他一生的追求目标。1988年，张敏以优异的成绩毕业，从铁道部大桥局设计院一名见习生到助工、工程师、设计室主任，再到高级工程师、教授级高级工程师、中铁大桥院总经理、中铁二院党委书记、董事长、全国工程勘察设计大师，他一步一个脚印，站在了引领中国桥梁、中国铁路设计的最高峰与最前沿，为国家基础设施建设和经济社会发展做出了突出贡献，彰显了大师风范、大师胸怀、大师品格。

讲政治，做对党忠诚、胸怀国之大者的优秀党员

　　张敏同志始终牢记自己的第一身份是党员，第一职责是为党工作、为国尽责，始终做到听党话、感党恩、跟党走，把讲政治、讲党性体现在具体实

践中，落实在工作点滴中，在思想上、政治上、行动上同以习近平同志为核心的党中央保持高度一致。在他的带领下，由中铁二院负责勘察设计的一大批国家重大工程项目取得突破性进展：习近平总书记亲自谋划、亲自部署、亲自推动的世纪性战略工程川藏铁路全面开工，"一带一路"标志性工程中老铁路顺利通车，成渝双城经济圈重大基础设施工程成渝中线高铁快速推进，沿江高铁、西昆高铁等其他战略工程正在加快实施。张敏积极响应并深入落实习近平总书记关于"统筹谋划好西部边疆铁路"的指示精神，充分发挥中铁二院优势，着力填补西部铁路留白，带领团队主动投入并全力以赴抓好滇藏、新藏等重大铁路工程各项工作。

在长达二十年的国企领导岗位上，张敏始终胸怀"国之大者"，把实现国有资产保值增值作为职责使命，把"有激情、在状态、敢担当、出实效"作为工作标准，团结所在企业干部职工砥砺奋进、拼搏实干，带领中铁大桥院实现了企业经营规模由千万元级到数十亿元级的突破性提升；带领中铁二院实现了良性发展并驶入高质量发展的快车道。张敏始终贯彻落实党的群众路线，坚持"依靠职工办企业，办好企业为职工"方针，把职工对美好生活的向往作为企业的奋斗目标，深入基层聆听职工呼声，了解职工所忧，与职工做朋友，把职工当亲人。在企业改革发展过程中，张敏始终做到群众为先，把职工满不满意、高不高兴、答不答应当作工作的第一标准，切实为广大干部职工做好事、办实事、解难事，让职工体面劳动、开心工作、全面发展，在职工群众中有很高的威信，深受职工信赖。

专技术，做敢于创新、勇攀科技高峰的专家大师

作为行业技术引领者，张敏始终瞄准行业标杆、国家标杆、世界标杆，

张敏工作照（右一）

向着技术最高峰不断攀登，凭借着"敢为人先"的豪情和敢于挑战的勇气，从初出茅庐的见习生成长为全国工程勘察设计大师，他带领企业科技创新团队坚持"科技兴企"发展战略，自力更生，自主创新，开创了一项又一项核心技术，刷新了一批又一批世界纪录，战胜了一个又一个"不可能"，为我国由"桥梁大国"向"桥梁强国"，由"交通大国"向"交通强国"迈进做出了突出贡献。他设计的泰州、马鞍山、鹦鹉洲三座三塔大跨度跨江悬索桥的成功建成，实现了三塔悬索桥结构的世界"不可行"到中国"可行"的转变；从武汉天兴洲长江大桥到沪苏通长江大桥、五峰山长江大桥实现了中国公铁两用桥梁由百米级向千米级的跨越；从杭州湾跨海大桥到平潭跨海大桥、港珠澳大桥实现了中国海洋桥梁一次次建桥"禁区"的突破；巨型沉井深水基础、三主桁钢桁梁、板桁组合结构、钢混结合梁等一系列创新成果应用于桥梁建设中，标志着中国桥梁建设核心技术领跑世界；研发的Q420qE钢到Q690qE钢实现了中国桥梁结构钢升级换代，性能指标达到国际同类先进水平；针对川藏铁路陡峻的高原地形、强烈的板块活动、频发的地质灾害、脆弱的生态环境、恶劣的气候条件等复杂特征开展了405项科研和专题研究，形成140项成果、54册技术总结、16项施工标准，实现了多项世界级技术突破，为川藏铁路高质量推进提供了强有力的技术支撑；推进了成渝中线"时速400公里以上高速铁路设计关键技术研究"11个重大专项研究，为世界上第一条400公里以上时速高铁保驾护航；针对南京上元门长江隧道109米最高水头，提出了超高水压盾构隧道管片局部承压计算方法、新型防水体系等多项创新成果！

　　他始终不忘自己作为一名"设计师"的初心，坚持学习不止、自我提升，主持了四十多座长江大桥、十多座黄河大桥、十多座跨海大桥的技术研究和决策工作，以及川藏铁路、成渝中线、西昆高铁、沿江高铁等多个重大项目的勘察设计和创新工作，为我国桥梁工程技术和铁路勘察设计进步做出了重要贡献；带领企业先后斩获17项国际大奖，13项国家科技进步奖，包揽新中国成立60周年"百项经典暨精品工程"中全部7项桥梁工程，获评中国工程院院士2名，全国工程勘察设计大师6名。

张敏工作照

敢担当，做夙夜在公、治企兴企有为的国之栋梁

从 38 岁临危受命，担任中铁大桥院总经理，到 2020 年再次被委以重任，担任中国中铁勘察设计板块领军企业中铁二院党委书记、董事长，张敏始终把"奋斗"作为企业工作基调，团结带领干部职工转变理念乐于奋斗，科学谋划善于奋斗，深化改革勇于奋斗，凝心聚力共同奋斗，开展了一系列卓有成效的管理创新实践，充分激发企业内在活力，促进企业向高质量发展目标稳步前进。

"发展出题目，改革做文章"，张敏深入推进企业改革，聚力攻坚突破，敢于亮剑担当，全面完成"双百行动"综合改革和国企改革"三年行动"各项任务。精编简政、服务发展，中铁二院总部管理部门由改革前的 22 个压减至 16 个，人员由 314 人压减至 207 人；所属生产单位精简内设机构人员共计 138 人。整合组建经营计划部，成立了 5 个国内区域指挥部，初步构建起生产经营一体化体系。责任成本、业绩考核、工资总额等管理办法相继出台，构建了支撑企业高质量发展制度体系的"四梁八柱"。

"经营是企业发展龙头"，这是张敏反复强调并躬身力行的工作重点，他带领干部职工扑下身子抓经营，围绕市场强服务，攻城拔寨，屡创佳绩；区域经营、立体经营、高端经营"三位一体"大经营格局有效构建，人人关注经营、事事围绕经营的理念深入人心。他同班子成员一道确立了"聚焦主业、协同发展"战略部署，积极构建国内国际市场相互促进、传统领域新兴业务多点支撑、上中下游业务协同推进的多元化发展格局，确保铁路市场优势地位，近年来成功拿下了成渝中线、沿江高铁、滇藏铁路、新藏铁路等重大项目；不断开辟企业规模增长"第二曲线"，在城市更新、新基建、乡村

振兴、生态环保、水利水电等新市场领域开拓上取得长足进步。

"二院是中国中铁的二院，我们一定要饮水思源"，这是张敏常在干部职工中讲的一句话。他带领企业主动服务中国中铁发展大局，树立"定价即经营"的理念，努力提高概预算编制水平，积极推动西部铁路科学概预算体系建设，为施工单位争取更加科学合理的工程造价。他还牵头邀请系统内工程单位联合开展项目工程技术和经济人才队伍培养，为项目联合开发、设计与施工深度融合，实现共赢多赢奠定了基础。

"安全是底线，质量是生命线"，张敏反复向技术人员告诫。他组织构建了企业安全质量管理体系，强化技术安全质量管理，推动中铁二院26个专业"红线库"建设、标准化设计、专业接口刚性化管理、BIM正向设计、桥隧前沿技术研究等各项工作，不断提升勘察设计质量和水平。

张敏用一点一滴的汗水与无私无悔的拼搏彰显了"对党忠诚、勇于创新、治企有方、兴企有为、清正廉洁"的担当和作为，在他的带领下，广大企业干部职工始终团结一心、奋勇拼搏，在日夜兼程的经营前线开疆拓土，在川藏铁路的雪域高原战天斗地，在风餐露宿的项目现场勘探测量，在通宵达旦的生产一线绘制蓝图，在异国他乡的海外市场逆行坚守，在寒来暑往的后勤岗位服务保障。2021年中铁二院营业收入首破百亿大关，年末货币资金存量41.2亿元，经营性净现金流19.68亿元，是公司创建以来的最高水平，有力地推动了企业高质量发展。

张敏不仅是行业同仁眼中的"张大桥"，职工群众心中的"张书记"，也是家里的好儿子、好丈夫、好父亲。张敏一年有大半时间在外奔波劳碌，但在繁忙的工作之余，他还是抽出时间去照顾家庭、陪伴家人。甚至直到现在，只要有空回到家中，张敏都要为年迈的母亲洗脚。在他的影响和带领下，"孝敬父母、忠诚企业、报效祖国"正成为二院年轻一代的青春追求。

跨江飞海扬远志，建桥修路守初心。作为新时代"开路先锋"卓越人物，张敏正团结带领着广大干部职工勇扛中国中铁"开路先锋"大旗，传承"勇于跨越，追求卓越"精神，朝着建设"国内领先，世界一流"国际型现代企业集团的目标不断奋进。

张敏简介

张敏，男，汉族，1965年11月出生，中党党员，江苏南通人，博士学位，教授级高级工程师，全国工程勘察设计大师，新世纪百千万人才工程国家级人选，国家有突出贡献中青年专家，享受国务院政府特殊津贴专家。现任中铁二院工程集团有限责任公司党委书记、董事长。

张敏先后主持和领导参与了四十多座长江大桥、十多座黄河大桥、十多座跨海大桥以及川藏铁路、成渝中线、西昆高铁、沿江高铁等多个重大项目的设计和创新工作，解决了多项工程建设的关键技术难题，为我国桥梁工程技术和铁路勘察设计进步做出了重要贡献。带领企业先后斩获17项国际大奖，13项国家科技进步奖，包揽新中国成立60周年"百项经典暨精品工程"中全部7项桥梁工程。

匠心独运　百年之工

——记"全国工程勘察设计大师"、中国中铁首席设计师　朱　颖

朱颖，全国工程勘察设计大师、享受国务院政府特殊津贴专家、博士生导师，现任中国中铁股份有限公司首席设计师，是我国铁路特别是复杂艰险山区铁路选线方面的著名专家，在铁路勘察设计领域做出了杰出贡献。

他创建了复杂艰险山区铁路减灾选线理论与技术体系；主持研发了具有自主知识产权的高速铁路无砟轨道结构，取得了地铁重叠隧道等关键核心技术的重大突破，填补了国内多项空白，为我国大规模轨道交通建设提供了强有力的技术支撑。

"成大事者，争百年，不争一息"，这一明末大家冯梦龙的名言，正是朱颖扎根铁路事业毕生奋斗的写照。

道路选线铸就百年大计

境界之美何处寻？就看两尺棋盘怎样落子，万里山川如何选线。设计是铁路工程建设的关键环节，而选线是工程设计的龙头和起点，是工程建设关键中的关键。选线不当，将引发工程的险情和病害，甚至导致人员伤亡、工程废弃和巨大的财产损失，并对线路的长期运维造成持久性的消极影响。

　　我国西南及临近的复杂艰险山区具有地形高差显著、地质复杂多变、构造活动强烈等环境特征，加之多雨、高寒等气候影响，地质灾害频发，且广泛分布，问题十分突出，给铁路的规划选线以及工程建设、铁路运营带来极大的挑战。

　　因此，朱颖致力于山区铁路选线理论研究，创新形成了"空-天-地"灾害综合快速识别、智慧选线和防灾减灾工程总体设计"三大支撑技术"；构建了以"全生命周期风险调控"为核心，以"一套减灾选线理论""四大作业程式""三大支撑技术"为内容的山区铁路减灾选线理论与技术体系，立足铁路的全生命周期，为山区复杂地形地质条件的相关项目，从源头上最大限度地降低受灾风险、提升抗灾能力，从而一举将山区铁路选线技术由传统的"地形选线""地质选线"提升到"减灾选线"的新高度，实现了复杂艰险山区铁路选线理论与技术的重大创新，获得中国铁道学会科学技术特等奖。

　　该技术体系问世后，不仅直接应用于西南地区6300公里复杂艰险山区的高铁，更推广应用到全国1.3万公里高铁建设中，取得了巨大的社会、经济和环境效益。

　　其中，朱颖在渝利铁路、贵广铁路等岩溶地区铁路项目中进一步提出"抬高线位绕避岩溶水平循环带"等岩溶地区综合选线与总体设计原则，初步建立了岩溶隧道风险评估及控制体系，有效降低了岩溶隧道工程风险，确保了工期，保护了环境，节省了投资。渝利铁路、贵广铁路先后荣获具有工程界"诺贝尔奖"之称的菲迪克工程项目杰出奖。

　　朱颖主持了川藏铁路科研课题总体策划、协调、审查及研究工作，制定了防灾减灾基本对策、规划线路基本走向，提出了川藏铁路高寒强震山区防灾减灾综合选线与总体设计理论。对大瑞铁路的成功选线和减灾设计，使得《大理至瑞丽铁路可行性研究报告》荣获2008年度全国优秀工程咨询成果一等奖。在武广客运专线韶关至花都段项目中，朱颖绕避大断层且缩短线路长

朱颖工作照（右二）

度的方案使得仅花都站就节省工程投资 8000 万元。在宝成、襄渝增建二线项目中，朱颖首创和摸索出一整套既有铁路改扩建的综合选线及总体设计方法，目前已在工程应用中累计节省工程投资约 49 亿元。

无砟轨道承载百年丰碑

轨道及下部基础的高平顺性、高稳定性及耐久性是实现列车高速运行的根本保证，也是我国建造高速铁路面临的重大技术难题。

朱颖迎难而上，作为总设计师，他主持建成了我国首条成区段铺设无砟轨道的遂渝线无砟轨道综合试验段，系统性开展了无砟轨道及线下基础的设计、制造、施工技术研究；自主研发了多种型式无砟轨道结构及配套扣件系统和道岔，解决了无砟轨道条件下轨道电路传输、无砟轨道施工精确定位等关键技术难题，奠定了无砟轨道设计理论基础，成功研发出我国高速铁路三大关键核心技术之一的"无砟轨道成套技术"，建立了我国高速铁路轨道结构平顺性诊断与保持技术体系；首次在路基上铺设无砟轨道，首次成区段建成无砟轨道铁路，并创造了大跨桥上铺设无砟轨道的世界纪录，从而打破了国外技术壁垒，填补了国内空白，大幅降低了高铁的建设和运营养护费用，一举荣获2010年国家科技进步一等奖。

在此基础上，朱颖率领研究团队再接再厉，进一步发明了具有自主知识产权，被称为中国高铁无砟轨道标准板的CRTS Ⅲ型板式无砟轨道，并首次应用于成灌高铁，目前已经成为了中国高铁无砟轨道的主型结构，突破了中国高铁成套技术的制约。

回首1909年，在那积弱积贫的华夏大地上，中国首条不使用外国资金及人员，由中国人自行设计、自主建设的京张铁路在极端困难的条件下，冲破列强的阻挠，建成通车，正式开启了我国铁路人为国担当、为国奋斗的壮丽篇章。

朱颖工作照（右三）

100年后，2009年，我国首条具有完全自主知识产权并以遂渝线无砟轨道成套技术为一项关键核心技术的武广高铁建成通车，成为了中国铁路建设史上又一重大里程碑，正式开启了我国铁路人举世瞩目、豪气干云的高铁建设时代。

迄今为止，该项无砟轨道成套技术已在上万公里高铁建设中推广应用，并纳入高铁设计、评估、测量及施工等相关规范，不仅通过国产化至少节省工程投资超过百亿元，更以至关重要的核心技术支撑有力地推动了我国高速铁路建设大放异彩且不受制于人地快速崛起！

规划引领追逐百年梦想

朱颖在少年时期就有着铁路报国的梦想，"两个一百年"的奋斗目标更加激励了他为实现中华民族伟大复兴的中国梦不懈奋斗。

铁路建设自规划先行，由规划引领。朱颖创新了铁路干线和城际铁路规划理论并大力应用于实践。对川渝两地的综合运输大通道、城市群城际铁路网、都市区多层次轨道交通系统的系列规划，已成为指导成渝双城经济圈轨道交通发展的核心蓝图。

朱颖超前谋划城市轨道规划，首次提出多网融合的协同规划理论，并开展关键技术研究，实现了国铁网、城际网、地铁网的无缝衔接，在成都、重庆"三铁融合"的工程应用中成效显著。

朱颖创新构建现代综合交通枢纽规划技术与方法，提出"智慧一体、站城融合、公共交通引导城市开发"的现代综合交通枢纽规划理念，建立了综合交通枢纽规划建设的成套理论和技术方法，并在项目实践上连创多项国内第一。

朱颖通过规划引领、平台建设和项目示范，积极推动了四川轨道交通产业的升级与发展。

他还积极规划和推动中国铁路标准国际化，提出了中国铁路标准"走出去"的四种模式，系统开展了"一带一路"沿线国家铁路互联互通，亚欧、非洲、南美等洲际通道规划，取得了多项创新成果；促成中铁二院主导实施了超过60%的中国铁路海外项目的前期工作，累计设计合同金额上百亿元，带动施工、装备相关企业营业收入上千亿元；朱颖主持设计并已通车、设计施工运营全部采用中国标准的中老铁路，被习近平总书记誉为"高质量共建'一带一路'标志性工程"。

在朱颖已近40年的勘察设计生涯里，主持了二十余项国家重点工程项目的勘察设计和三十余项重点科研项目研究，获得国家科技进步奖一等奖1项、二等奖1项，国家技术发明二等奖1项，全国工程勘察设计银奖1项、铜奖2项，省部级科技进步奖19项、优秀工程设计奖17项，获评詹天佑铁道科学技术成就奖和新中国成立以来四川省最具影响力劳动模范称号。

投身开路先锋，共写百年答卷。回首硕果累累，更期未来征途。

人生得幸为国征战，老骥犹在，壮心难已；

铁路无尽逐梦而行，使命常驻，永远年轻！

朱颖简介

　　朱颖，男，汉族，1963年6月出生，中共党员，全国工程勘察设计大师，享受国务院政府特殊津贴专家，教授级高级工程师。1984年毕业于西南交通大学铁道工程专业，硕士学位，现任中国中铁股份有限公司首席设计大师，兼任中国铁道学会工程分会委员、中国铁道学会工程分会线路专委会主任、四川省科学技术协会副主席。

　　朱颖长期致力于铁路勘察设计的理论研究和工程实践，主持了二十余项国家重点工程项目的勘察设计和三十余项重点科研项目研究，获国家科技进步一等奖1项、二等奖1项，国家技术发明二等奖1项，全国优秀工程勘察设计银奖1项、铜奖2项，省部级科技进步奖和优秀工程设计奖数十项。在复杂艰险山区铁路减灾选线的理论体系和总体设计、无砟轨道技术、高速铁路精密工程测量体系和标准、轨道基础变形监测与调控技术、轨道平顺性诊断与保持技术研究和应用方面取得了突出成绩，为我国铁路建设做出了重要贡献。

海阔天空任飞翔

——记"全国工程勘察设计大师"、中铁二院副总工程师张海波

"勇于跨越、追求卓越，我们是永远的开路先锋……"这首中国中铁司歌，形象地体现了中国中铁几代人艰苦卓绝的事业历程，也在中铁二院副总工程师张海波的40年奋斗经历中得到了完整的展现。

"开路先锋"的先头兵

张海波是中国中铁从事勘察设计工作的一员，担任中铁二院副总工程师、教授级高级工程师，荣获全国勘察设计大师、"全国劳动模范"、享受国务院政府特殊津贴专家、四川工匠、中国地铁50周年致敬人物等多项荣誉，是张海波劳模（专家）地铁创新工作室室长、中国中铁城市轨道交通劳模（专家型职工）创新工作室联盟常务理事会理事长。从业40年来，他在铁路隧道和城市轨道交通领域创造了多项中国第一。

他主持完成了中国第一条跨座式单轨、第一条"最快地铁"市域快线、第一条一次修建投运地铁环线、第一条最高标准投运全自动无人驾驶地铁项目等多个创新项目的勘察设计及科学研究工作。

他主编与参编了多项涉及单轨、快线、有轨电车、磁浮交通等城市轨

道交通方面的国家、行业和地方标准规范，制定了市域快线铁路技术标准体系，并多次作为专家及专家组组长参与及主持了各城市轨道交通项目评估、技术审查、技术论证等工作。

在城市轨道交通综合总体技术方面，他主持完成了中国第一条单轨项目——重庆轻轨较新线的设计，发展和完善了跨座式单轨系统在我国的实际应用，形成了具有中国特色和自主化产业发展的规划建设技术标准。

在成都轨道交通18号线中，他主持完成了地铁A型车迭代升级、交流AC25KV牵引供电、快慢车组合运营140公里/小时轨道交通快线系统的配套研究和设计，并编制了相应地方标准和行业标准，填补了城市轨道交通快线设计空白。

张海波工作照（左五）

张海波工作照

　　在零换乘理念综合交通枢纽规划建设中，他组织设计了我国第一座国铁和地铁"同台同向平行"便捷换乘的车站，并首次预留了国铁地铁将来票制统一的付费区无障碍换乘结构，为我国铁路和城市轨道交通实现无障碍零换乘树立了极具价值的典范。

　　针对贵阳地铁地形高差大的实际情况，他首次采用展线技术，在1号线中设置雅关站，既方便了小关河峡谷附近人们的出行，又带动了周边地块开发，形成了长大坡道技术标准成果。

　　在主持西南地区第一条全自动无人驾驶地铁——成都地铁9号线的设计和研究中，他提出了不进行运营期间升级改造、一次开通即达GOA4最高等级的无人驾驶理念，确保了勘察设计质量和一次开通运营。

在城市轨道交通土建技术方面，他首次在成都地铁1、2号线中组织攻克了富水大粒径砂卵石地层和膨胀岩地层盾构法施工技术难关，使成都地铁大规模快速建设成为可能。针对贵阳地铁岩溶发育地区建造技术难题，结合多年从事西南山区铁路隧道的经验，他提出了矿山法施工、加强超前地质预测预报、避免涌水突泥风险等一整套岩溶处理思路及标准，形成了岩溶发育地区地铁设计的成套技术标准。此外，他在主动桩基托换、极软土地层土建工程实施对策等领域均有创新性的技术突破。

在铁路隧道方面，张海波多年来主持完成了一系列西南复杂山区铁路隧道勘察设计项目，代表性工程有"一带一路"倡议中的中缅铁路项目、亚洲最长的铁路山岭隧道——高黎贡山隧道（34.5公里）的技术攻关和各阶段设计，对TBM、深大竖井、大型岩溶空洞、断层涌突水、大变形、岩爆、有害气体、放射性处治等方面具有丰富的实践经验和独到的见解。

"开路先锋"的追梦人

2022年1月，张海波获评全国勘察设计大师，这是中国勘察设计行业的最高荣誉。面对荣誉，张海波表示，是中国中铁和中铁二院这个广阔的平台成就了他，这个荣誉代表的是中国中铁集体的荣誉。来不及一一回复同事们的道贺，他又投入到紧张的工作中去了。同事们都笑着说：看不出大师有什么区别？张海波回答道：该干啥干啥去！

张海波毕业于西南交通大学隧道与地下铁道专业，他没有虚度4年的光阴，学习成绩优异，毕业后婉言谢绝了学校留校任教的邀请，进入中铁二院，一干就是40年，站在离梦想最近的地方，与中铁二院、与中国中铁、与铁路和城市轨道交通，结下了不解之缘。

梦想的起点是勘测队，与想象中充满诗意的生活大相径庭，工作内容也跟真正的铁路设计相差甚远，但勘测队的三年磨砺，对张海波来说，是一笔宝贵的财富，这段岁月给了他深厚的沉淀，也给了他日后克服一切困难的勇气和动力。

1986年春，张海波获得了去日本留学进修一年的机会。平生第一次登上飞机，好像梦想已经离他很近很近。20世纪80年代，中国的改革开放刚刚起步，日本却早已进入发达国家行列。在日本，一切都那么新奇，闻所未闻、见所未见。那一年，他没有浪费一天时间，如饥似渴地学习，受到了研修公司的关注和挽留，但他学成后毅然回到祖国，因为他深知，他施展拳脚的舞台在中国。

"开路先锋"的坚守者

回到祖国，40年如一日的坚守，是张海波在中铁二院的工作写照。

每当面对困难，面对失败的时候，他常常暗自对自己说，既然选择了回来，就要对得起这个选择，不干出成绩决不罢休。

虽然他现在被称为"西南城市轨道交通工程奠基人"和"中国铁路隧道专家"，但在40年的事业征程上，伴随他的并不总是鲜花和掌声，更多的是漫长的跋涉、痛苦的攀援和40年的潜心耕耘，最终实现了从"画图匠"到"设计者"，从"工程建设者"到"项目推进者"，再到"行业引领者"的转变。

重庆轻轨是中国第一条单轨，30岁刚出头的张海波被委以重任，担任中铁二院重庆轻轨项目指挥部指挥长和项目总体。挑战就是机遇，压力就是动力，他带领年轻的设计团队边学边干，圆满完成了各项任务，确保了重庆轻轨的按期开通运营。他组织编制的《跨座式单轨交通设计规范》，填补了国内空白，打破了国外技术垄断，为中国装备走向世界种下了一粒"金种子"。重庆轻轨建设工程被列为"2005年中国十大建设成就"，中铁二院单轨系统综合技术由此跃升至国内领先地位！

世人皆知"蜀道难，难于上青天！"可鲜为人知的是，成都平原却是"难以入地"：一是成都平原是岷江等河流冲积而形成的冲积扇平原，存在着砂卵石地层，且卵石直径大、强度高，还夹杂着大飘石；二是成都东南方向龙泉山、天府新区一带，存在弱膨胀性的砂泥岩地层，并且赋含天然气。在沿海城市运用自如的普通盾构机，在这里却因坚硬的卵石和巨石而寸步难行。膨胀力直接作用在管片结构上，结构是否能承受？世界上都没有此类地层采用盾构法的先例，成都地铁设计施工遇到了前所未有的难题。

当时很多人提出采用明挖法或者矿山法来勉强施工，但常用的矿山法并不适合于成都，存在巨大的安全隐患。而明挖法对城市的破坏和干扰超乎想象，最关键的是，不管用哪一种方法，成都地铁的发展速度都会受到严重制约。

对此，张海波坚持采用盾构法施工，联合各方研制适用于砂卵石地层的盾构机，并取得了成功。正是这一关键技术的突破，使得成都地铁随后"全面开花"，短短几年，成都地铁运营规模已位居中国前列。

地处云南边陲的高黎贡山铁路隧道是亚洲最长的铁路山岭隧道，依托高黎贡山隧道，张海波主持完成了中国铁路总公司课题《高黎贡山高地温深埋特长隧道修建关键技术研究》，攻克了铁路隧道最长斜井、最深竖井配套的施工组织设计和TBM施工、高地热处理等特殊关键技术。当厚达半米的科研报告送到铁路总公司的专家面前时，他们都说这是他们见过最细致、详实的科研汇报。

张海波于2021年获评全国勘察设计大师，这既是对他过往业绩的认可，也是对他未来继续奋斗的鼓舞，祝愿张海波在中国中铁和中铁二院的成长发展平台上，借大师之力，再创辉煌！

张海波简介

张海波，男，汉族，中共党员，1962年4月出生，云南通海人，1983年毕业于西南交通大学，历任铁二院桥隧处隧道室主任，桥隧处副处长、处长等职务，现任中铁二院副总工程师，教授级高级工程师，中铁二院工会兼职副主席。

张海波主持设计了全国第一条跨座式单轨交通——重庆轻轨较新线，开创了成都地铁富水大粒径砂卵石土及膨胀土地层盾构法施工先河，主持的项目荣获"全国十大建设科技成就奖""中国土木工程詹天佑奖"等四十余项荣誉，个人先后荣获"全国劳动模范""中国地铁50年致敬人物""全国工程勘察设计大师""四川工匠"等荣誉，为西南地区的交通建设作出了卓越贡献，被称为"中国铁路隧道专家"和"西南城市轨道交通工程技术引领者"。

创新引领　书写隧道建设新篇章

——记"全国工程勘察设计大师"、中铁二院副总工程师　喻　渝

　　我国是一个多山的国家，山地面积占国土面积的2/3。随着铁路交通的发展，大量的隧道工程应运而生。在广袤的黄土高原、在峰峦叠嶂的西南山区、在世界的屋脊青藏高原，一列列飞驰的火车穿山而过，穿过的不仅仅是崇山峻岭，更是"开路先锋"们在隧道科技创新道路上的一座座"技术高山"。

　　中铁二院副总工程师、全国勘察设计大师喻渝在一次次的隧道技术突破中，也一次次地创造着新的成绩单：世界上最长的高铁黄土隧道——郑西线张茅隧道，最高岩温铁路隧道——拉林线桑珠岭隧道；最强岩爆铁路隧道——拉林线巴玉隧道；"高铁第一溶洞"铁路隧道——成贵线玉京山隧道，这些隧道的总设计师都是喻渝。每当谈到这些成绩的时候，他说得最多的一句话是：我们生在了一个铁路发展的好时代，除了个人的努力，更离不开中国中铁、中铁二院这样优秀的平台。

　　喻渝长期从事复杂艰险的山区隧道勘察设计和研究工作，先后担任南昆、成昆、成贵、成兰、川藏线等共计二十余条铁路分管隧道专业技术负责人，负责重大技术方案的审定和重大科研课题研究。他在高速铁路隧道修建技术、隧道空气动力学、长大隧道通风、特殊复杂地质隧道设计、计算机软件的研发及应用等方面具有较高的学术造诣和深厚的技术积淀，先后荣获国家科技

进步二等奖 1 项，国际隧道协会（ITA）"克服挑战"大奖 1 项，国家优秀设计银奖 2 项、铜奖 1 项，省部级科技进步奖和优秀工程设计奖四十余项，出版学术专著 4 部，编制铁路规范、标准十余部，论文四十余篇，发明专利、实用新型专利五十余项。除此之外，喻渝还获得了许多个人荣誉：2012 年获得四川省工程设计大师，2013 年获得第十一批四川省有突出贡献的优秀专家，2017 年获得第十三届詹天佑铁道科学技术成就奖，2018 年获得天府万人计划天府创新领军人才，2018 年被批准享受国务院政府特殊津贴，2019 年获得中国中铁科技创新优秀人才，2021 年获得全国勘察设计大师荣誉称号。

突破高铁黄土隧道的"先头兵"

2005 年，世界上第一条穿越湿陷性黄土地区的高速铁路——郑西高速铁路破土动工，时任中铁二院副总的喻渝临危受命，主持大断面黄土隧道修建技术攻关。他在此次设计中遇到了前所未有的挑战：在如此脆弱的黄土地区，隧道是分修还是合修，若分修，全线黄土隧道投资会增加二十多亿元；若合修，大断面隧道围岩压力怎么计算？支护参数如何选取？施工方法怎样确定？隧道基底怎么处理？无先例可鉴，千头万绪的问题摆在面前，喻渝接到任务当天便与同事们来到陕西、河南现场调研，他站在孕育中华民族的黄土大地上，凝望着半坡上古老的窑洞，嘴里说着一个个关键词：黄土特性、埋深界线、结构形式、沉降控制……回程的车上，高速铁路大断面黄土隧道的研究思路已逐步清晰起来。

正如喻渝常说的："我们打隧道的，不光要有穿山甲的'金刚钻'本领，还要有'盘古开天辟地'的勇气。"凭着一腔的热血、忘我的钻研和历时三年的科研攻关及现场试验，他开创性地提出了合建双线大断面隧道方案，突

喻渝工作照

破了传统黄土隧道设计荷载的计算方法、创新了大断面隧道支护结构型式等，解决了黄土大断面隧道变形和基础沉降控制的修建难题，使得中国铁路黄土隧道修建技术领跑世界。2015年，高铁大断面黄土隧道修建成套技术获得国家科技进步二等奖。

创新活动断裂带复杂地质隧道的"探索者"

如果说郑西高铁大断面黄土隧道是以喻渝为代表的新一代隧道技术骨干的一次突破，那么，成兰铁路活动断裂带复杂地质长大隧道的修建应该是对隧道建设的又一次极限挑战。

时间来到2011年，作为"5.12"汶川地震灾后重建生命线工程，成兰铁路建设的号角已经吹响。成兰铁路沿线有风景如画的九寨沟和憨态可掬的大熊猫，但是在喻渝的眼中，更多的是这么一串数据：从海拔500米爬升至3400米的铁路高程、"四极、三高、五复杂"的不良地质、33座332公里长大隧道群……，什么概念呢？成兰线修建铁路就是在千米高山下的碎石堆里挖洞子，不仅如此，这个碎石堆有些地方还是活动的，并且伴生着强烈的地震，修建难度世界罕见，甚至有的知名专家认为该地区不宜修建铁路。

经过十年的科研攻关，喻渝为代表的团队创新了隧道高地应力挤压性围岩大变形控制技术，提出了大变形主动控制理念；创新了活动断裂带隧道抗减震设计方法，开发了宽变形缝柔性减震技术，研发了大刚度圆环与预留净空相结合的新结构；首次在通过我国区域性活动断裂-龙门山断裂的隧道内建立了长期位移和应力监测及地震预警系统。这些创新性成果不仅为成兰铁路的运营安全提供了重要的技术保障，而且还形成了铁路行业的技术标准，促进了我国复杂地质长大隧道修建技术的进步。

喻渝工作照

攻克高地温、岩爆隧道的"急先锋"

　　高地温，首次听到似乎有点陌生，是我们平常见到的温泉吗？不全是。那么89℃，大家又认为如何呢？其实，在这里这个数字代表的是喻渝作为技术总负责人设计的拉林铁路桑珠岭隧道。

　　当隧道埋深至2090米时，隧道内压力可达到70MPa。70MPa？什么概念呢，就是700公斤的力作用在大拇指那么大的表面上，如此压力下开挖隧道，稍有不慎就是机毁人亡，这就是目前国内铁路地应力之最的拉林铁路巴玉隧道的真实写照。

　　这两座隧道就是目前世界上地形地质条件最复杂、建设难度最大、人类历史上最具挑战性的川藏线拉林铁路的代表工程。拉萨至林芝段是整个川藏铁路的先行段，地处雅鲁藏布江构造地区，具有川藏全线最为典型的高地温、岩爆等不良地质问题。

　　喻渝带领着中铁二院隧道团队无惧艰难，接受了这个挑战。问题的解决是漫长而反复的，他表现出一如既往的沉着与淡定，有条不紊地提出多个研究方向，根据进展情况不断调整技术方案。艰难的日子一天天地熬着、面临的困难一点点地褪去了原先的"难色"，就这样一步一个脚印，逐个攻克了耐高温材料和结构设计、综合降温、高温爆破、岩爆预测、岩爆评价体系及动态预警方法等一系列技术难题。

　　由于高地温和岩爆等隧道关键技术的突破，拉萨至林芝段总工期提前了6个月。喻渝团队通过研究形成的铁路高地温和岩爆隧道建设成套技术标准，为目前正在建设的川藏铁路雅安至林芝段提供了强有力的技术支撑。

　　喻渝就是这样一位坚定的隧道建设者，从业三十余年，从郑西、成兰、川藏一路走来，建成的不仅仅是一座座隧道，更是一次次创新与自我突破。

"路漫漫其修远兮，吾将上下而求索"，他在隧道建设那漫长而曲折的道路上还将继续远行，创造新的、更加卓越的辉煌。

喻渝简介

　　喻渝，男，汉族，生于 1967 年 9 月，中共党员，四川省成都市人，1988 年毕业于西南交通大学隧道及地下铁道专业，全国工程勘察设计大师，教授级高级工程师，现任中铁二院工程集团有限责任公司副总工程师。

　　喻渝长期从事复杂艰险山区隧道勘察设计和研究工作，先后担任南昆、成昆、成贵、成兰、川藏线等共计二十余条铁路分管隧道专业的技术负责人，负责重大技术方案的审定和重大科研课题研究。在高速铁路隧道修建技术、隧道空气动力学、长大隧道通风、特殊复杂地质隧道设计、计算机软件的研发及应用等方面具有较高的学术造诣和深厚的技术积淀，多项设计和科研成果达到国内或国际领先水平，为推动我国复杂艰险山区铁路隧道修建技术的进步作出了突出贡献。

06

天堑变通途

——记"全国工程勘察设计大师"、中铁设计集团副总
工程师 徐升桥

置身桥梁设计行业,放眼桥梁发展前沿,善攻桥梁技术难关,徐升桥从事桥梁设计工作30年来,一直兢兢业业、刻苦钻研,积极投身于我国的桥梁工程建设。他曾饱尝克难攻关的艰辛,也曾分享胜利成果的甘甜;他得到数不清的赞扬和掌声,拥有众多的荣誉和奖励:2012年获詹天佑铁道科学技术奖成就奖,2016年获评"全国工程勘察设计大师"。

勇于跨越,创新建设优质大跨度桥梁

徐升桥先后主持设计了广州丫髻沙大桥、广州市新光大桥、南广铁路西江特大桥、大瑞铁路澜沧江特大桥等多个大型复杂工程项目,取得了多项重大技术创新成果。

广州市新光大桥主桥采用177米＋428米+177米三跨连续钢桁拱与混凝土三角刚构的新型组合结构,徐升桥带领着他的团队对此种新型桥梁结构的受力原理、关键构造及施工新方法、新工艺等进行了成套技术攻关,取得了诸多创新性成果,降低了施工成本:大桥的钢结构用量只有18吨/米,大大低于同等跨度桥梁;在不完全断航情况下仅用2天时间便实现了主拱拱肋中

徐升桥工作照（右二）

段的安装架设工作，并创造了刚构拱跨度、拱肋滑移上船、提升以及拱肋曲梁合龙工艺等世界纪录。

主跨度450米的南广铁路西江特大桥是世界上最大跨度的高速铁路钢箱拱桥，徐升桥结合"前临西江，后靠陡峭山坡"的基础工程特点提出了可承担巨大水平力的新型基础结构形式和计算分析方法，解决了大跨度拱桥温度变形大带来的轨道铺设精调和高速动车组运营性能评判的技术难题，总体技术成果达到国际领先水平，获国家发明专利，并在2016年荣获"中国钢结构工程大奖"。

徐升桥还主持设计了包西、郑焦、德大、瓦日、郑济五座黄河铁路特大桥以及京张高铁官厅水库特大桥，其中：京张高铁官厅水库特大桥为我国目前最长的时速350公里无砟轨道钢桥；郑济铁路黄河特大桥是我国长度最长、速度最快的高速铁路公铁两用桥，解决了无砟轨道在长联大跨钢桁梁桥上的应用关键技术，实现了我国大江大河上高速铁路大跨度钢桥采用无砟轨道的突破。

追求卓越，桥梁转体新技术解决建桥难题

随着我国交通运输的快速发展，桥梁对所跨越的公路、铁路或航道的运营影响已经成为决定设计方案的主要因素，桥梁转体新工艺已经得到大规模的推广应用。

1999年广州丫髻沙大桥主桥成功完成了转体施工，其竖转结构体系和平转、竖转相结合的施工控制技术是国际上大跨度拱桥施工技术的一个重大突破。

2002年，在北京市五环路斜拉桥的转体工程中，徐升桥等人编写的《转体桥梁重心称重工法》，解决了复杂桥梁转体施工的重心、摩阻系数定量测试难题，满足了铁路等管理部门的安全要求，获全国优秀工程设计金质奖。2006年，在北京市东六环西侧辅路的建设中，徐升桥首次提出并成功实施了

徐升桥工作照

双幅桥梁同步转体的理念，大幅降低了桥梁造价；2007年，在北京市六环路跨越丰沙铁路的分离式立交桥设计中，他首次提出了六边形花瓶式桥墩与墩顶转体工艺相结合的新技术，将节段悬臂灌注施工的预应力混凝土连续梁改为转体法施工，获全国优秀工程勘察设计行业一等奖；2008年，在大瑞铁路澜沧江特大桥的方案设计中，他首次提出了采用分别沿两岸山坡拼装拱肋颈性骨架、通过二次竖转完成拱肋安装的施工方案，与常规的缆索吊装法相比具有钢结构拼装和焊接条件好的技术优势，解决了施工场地陡峭狭小、日常风速大等不利条件下拱肋难以安装的技术难题。

徐升桥还发明了桥梁转体用可拆装球面平铰结构，解决了10万吨级桥梁转体施工难题，在保定南站主桥创造了新的世界纪录。

至诚奉献，标准设计为铁路建设保驾护航

徐升桥主持了高速铁路常用跨度桥梁设计研究工作，发展了中国高速铁路标准梁桥设计理论，优选了高速铁路标准梁桥的合理结构形式，形成了较为完整的高速铁路常用跨度梁设计理论和设计方法，解决了高速行车条件下的结构使用性能和列车运行的安全性、舒适性问题，确立了具有中国自主知识产权的高速铁路常用跨度桥梁结构体系，形成了高速铁路预制整孔简支箱梁制造、运输、架设成套技术，实现了铁路预应力混凝土梁桥长期变形由"厘米级"向"毫米级"的突破，在我国高速铁路快速、大规模建设中发挥了至关重要作用。

他还主持了中国铁路总公司重大专项《铁路工程应用高强钢筋试验》（Z2014-038），填补了我国HRB400、HRB500高强钢筋疲劳设计参数的空白，其相关成果已纳入《铁路桥涵混凝土结构设计规范》（TB100092-2017）

和《铁路工程混凝土结构高强钢筋设计规定》，降低了铁路工程结构中的钢筋用量。

徐升桥主持编写的《铁路桥梁钢管混凝土结构设计规范》（TB10127–2020），借鉴国内外相关标准开展相关理论研究和试验验证，全面吸纳钢管混凝土结构强度计算、刚度计算、节点疲劳强度计算和管内混凝土脱空高度计算等科技成果，规范和统一了铁路桥梁钢管混凝土结构设计技术要求。

他主持了川藏铁路常用跨度简支梁应用技术研究，对川藏铁路高海拔、严寒大风、强紫外线、昼夜大温差等极端环境条件下常用跨度简支梁的工程技术方案开展研究，提出了温度荷载作用效应、施工工艺、抗震措施及耐久性保障技术措施，并应用于川藏铁路简支梁通用图参考图编制。

徐升桥简介

徐升桥，男，汉族，1966年4月出生，湖北省黄冈市人，长沙铁道学院（中南大学）桥梁、隧道与结构工程专业硕士，中共党员，正高级工程师，现任中铁设计集团副总工程师。2004年入选首批"新世纪百千万人才工程国家级人选"，2005年获"全国劳动模范"，2016年获评"全国工程勘察设计大师"。

工作30年来，徐升桥一直兢兢业业、刻苦钻研，积极投身于我国的铁路与桥梁工程建设，主持编写了3项铁路行业设计规范，获国家科技进步二等奖1项，国家优秀工程设计金奖2项、银奖1项，北京市、广东省科技进步一等奖1项、二等奖2项，中国铁道学会科技进步特等奖1项、一等奖2项，中国公路学会科技一等奖2项，北京市优秀工程设计一等奖3项，铁道部（国家铁路局）优秀工程（标准）设计一等奖3项，发明专利26项。

甘愿为桥梁付出一生

——记"全国工程勘察设计大师"、中铁大桥院副总工程师 易伦雄

2022年1月28日，我国著名桥梁专家、全国工程勘察设计大师、中国中铁股份有限公司特级专家，中铁大桥院副总工程师易伦雄先生不幸与世长辞。

巨星陨落，山河含悲。

长江上，由易伦雄主持设计的京沪高铁南京大胜关长江大桥、浩吉铁路荆州长江大桥、商合杭铁路芜湖长江大桥、宜昌至喜长江大桥、镇胜公路北盘江大桥等一座座桥梁巍然矗立。

这些桥梁凝聚了易伦雄无数的智慧和心血，被浓墨重彩地写进新中国桥梁发展的光辉史册。易伦雄，是杰出的中国桥梁设计师，他用拼搏与进取扛起了祖国桥梁事业发展的脊梁，装点了祖国的大好河山，为我国桥梁事业的发展做出了不可磨灭的贡献。

敢于自我否定

在易伦雄主持设计的众多桥梁中，京沪高铁南京大胜关长江大桥算是他的得意之作。该桥是世界首座六线铁路桥梁，创下高速铁路桥梁体量、跨度、荷载、速度4项世界第一。

20世纪90年代初，国人对高铁还很陌生，但国家决定先期研究建设京沪高速铁路。

时年26岁的易伦雄被委任为前期工作组专业负责人，他和团队开始对高铁大跨度桥梁的合理桥型结构以及高速行车性能展开研究。

历经10年，他们在3个可能桥位中选择了上元门桥位，并在图纸上计算出一系列数据，"建"起一座理念先进、功能优异的虚拟三塔斜拉桥。这一设计获得了国内外桥梁界的高度评价。

但2003年国家开建京沪高铁时，南京段跨越长江的桥址改选至位于上元门桥位上游20公里的大胜关。

桥址变了，新桥址河道的水文、河势、通航等建桥条件也发生了变化，这就意味着易伦雄10年的付出付之东流。但他没有丝毫犹豫和不满，果断选择推翻之前的设计，从头再来。面对同事和同行的疑惑，他的解释是，三塔斜拉桥不适合大胜关，而且整桥造价高，施工难度大。在他的坚持下，最终桥型改为双联拱钢桁拱桥，这一设计变动不仅降低了工程造价，桥型也更加优美流畅。

善于创新进取

当时要建大胜关长江大桥这样一座大桥，国内外没有可供借鉴的经验，很多技术只能依靠自己摸索，这也给易伦雄的设计过程带来了前所未有的考验。

普速铁路桥梁多为钢桁架格子梁，再铺枕木和钢轨，这种结构不适合高速列车。易伦雄通过反复设计计算，提出了三片主桁与铁路桥面相结合的共同受力结构体系。这一结构为世界首创，满足了大胜关长江大桥高速、重载、大跨度的要求，让列车在时速350公里时仍能保持良好的舒适度和平稳

易伦雄工作照

性，实现了我国大跨度铁路桥梁从"普速"向"高速"的跨越。

近20年，我国基础设施建设，尤其是桥梁工程得到前所未有的发展，桥梁类型多、跨度突破大、技术进步快，作为桥梁设计师，易伦雄也不断面临新的挑战。

2012年，在设计世界最大跨度三塔铁路斜拉桥——浩吉铁路洞庭湖大桥过程中，由于该桥结构形式特殊，易伦雄创造性地采用钢箱—桁架组合结构梁，将斜拉索锚在直接承载的钢箱两侧，改善了主梁受力，同时通过桁架加劲增大主梁刚度，从而满足铁路运行刚度要求，这是世界首次在斜拉桥上采用该结构形式。

易伦雄常说这样一句话："自主创新是工程技术持续发展的根本动力，也是我国从桥梁大国向桥梁强国迈进的唯一途径。"

秉持着自主创新这一理念，三十多年的桥梁设计生涯中，易伦雄主持或参与设计的桥梁先后荣获了国家科技进步特等奖、二等奖，世界桥梁大会乔治·理查德森大奖等多个荣誉。

勇于打破常规

在中国建桥水平逐步跻身国际先进行列，成为一张闪亮的国家名片的过程中，我国的桥梁钢及相关技术的飞速发展是功不可没的。

作为中铁大桥院钢结构的学科带头人，在不断学习、研究的过程中，易伦雄紧紧抓住国内几座里程碑式桥梁工程的需求，牵头进行了系列桥梁用高性能钢的研发、制造与工程应用，带动了我国在高性能高强度结构钢领域的持续发展。

2003年在设计南京大胜关长江大桥时，国内桥梁普遍采用的是Q370q钢，如果大胜关大桥上也采用该钢种，钢板厚度将超过100毫米，这意味着钢板制造、后期加工难度将会非常大，而且现有的桥梁规模和杆件不可能负荷如此沉重的大桥，因此必须开发新的钢材。

为此，不善言辞的易伦雄苦口婆心地"磨"着、鼓励着几家有潜力的

易伦雄工作照

钢铁企业攻关，一个硬骨头接着一个硬骨头地啃，一个碉堡接着一个碉堡地攻。经过3年多的反复实验，高性能Q420qE结构钢问世，这种钢具有强度高、韧性好、焊接性能优、耐大气腐蚀等显著优势，全面满足了大跨、重载、高速铁路桥梁的建设需求。

有着"钢霸"美誉的中国工程院院士方秦汉曾表示，Q420qE新型钢材将中国桥梁用钢提升到了一个新的等级，大胜关长江大桥作为长江上又一座具有里程碑意义的桥梁，它当之无愧。

之后，结合沪苏通长江大桥建设，易伦雄又参与了Q500qE高性能结构钢的研发应用。

系列高性能结构钢的研发应用，使我国形成了大跨度铁路桥梁高性能结构钢的技术体系，为我国重载、大跨度及高速铁路发展奠定了基础。

坚持精益求精

熟悉易伦雄的同事都知道，他的办公室里永远放着行李箱，随时准备出差。在所参与或主持设计的项目中，他长期驻扎生产一线，或深入工厂车间，了解掌握项目施工情况，在实践中发现问题，并不断加以改进。

2016年6月21日，宜昌至喜长江大桥大江桥段迎来荷载试验。测试品是36辆35吨的大货车，总重量1260吨，相当于近千辆小轿车的重量。试验持续进行10个小时。

为完整检测大桥的质量，易伦雄要求试验人员在全桥各关键部位安装了近300个测点，以采集试验中桥梁各部位的应力、位移、温度等数据，同时使用无线索力仪检测全桥204根吊索及主缆锚跨索股索力。

至喜长江大桥的组成部分三江桥采用变截面梁，主梁极不规则，左右不对称，梁宽从 33.5 米到 47.5 米。在设计过程中，程序计算出的结果与常规认识存在偏差，由于急着交付图纸，项目组技术人员认为应以程序结果为准，立马出图。但作为该桥的设计负责人，易伦雄没有马上下定论，而是与同事一起连夜分析、计算，一步步排查，最终发现是程序结果输出出了问题。

"作为桥梁设计师，必须要严谨，确保每一个数据都不能出错。"这是易伦雄一直追求的科学与实事求是的态度。

千言万语，道不尽一生故事。易伦雄就是这样一位以祖国和人民需要为己任，一辈子躬耕中国桥梁事业，脚踏实地把科技论文写在祖国大地的人物。一条条江河不会忘记他，一座座大桥不会忘记他，过桥的百姓们更不会忘记他。

易伦雄大师走了，但他留下来的"大桥精神"将永垂不朽，他未完成的事业，未了的心愿，正待我们去赓续，去奋斗。

易伦雄简介

易伦雄，男，汉族，1966 年 7 月出生，中共党员，湖北沙洋人，中南大学桥梁与隧道工程专业博士，教授级高级工程师，全国工程勘察设计大师，享受国务院政府特殊津贴专家。曾任中铁大桥勘测设计院集团有限公司副总工程师。

易伦雄先后作为技术负责人，主持了京九铁路芜湖长江大桥，京沪高铁南京大胜关长江大桥，商合杭铁路芜湖长江大桥，浩吉铁路公安长江大桥等重大项目的设计工作，获得了一系列重大技术成果。先后获得国家科技进步特等奖 1 项、二等奖 1 项，乔治·理查德森大奖 1 项，省部级科技进步和行业协会科学技术奖多项，主持的 6 项工程达到国际领先水平，先后发表学术专著、论文及主编国家工程建设标准和国家行业标准 21 项，获得发明实用新型专利 13 项。

国际隧道舞台上的"中国代言人"
——记国际隧道协会原主席、中铁科学研究院副总经理严金秀

"恭喜严金秀,当选为新一届ITA主席!"主持人的话音刚落,全场响起了热烈的掌声……2019年5月8日下午,在意大利那不勒斯国际隧道和地下空间协会(ITA)第45届会员国大会上,中铁科研院副总经理严金秀当选为新一届ITA主席,这是中国隧道专家首次当选国际隧协主席,也是国际隧协历史上首位女主席。

37年前,严金秀毕业后进入隧道科研行业,开始了她丰富多彩的绚丽人生。

37年间,她从一名隧道技术新兵,成长为全球隧道知名专家。在外人眼里,她是一名了不起的女性,但在她的心里,自己只是中国一名最普通的科研人员,唯一不同的是,她代表中国登上了国际隧道协会这个国际舞台。

潜心钻研隧道科研的新兵

大学毕业后,这个瘦瘦的福建姑娘选择进入隧道科研行业,入职铁道部科学研究院西南研究所从事科研工作。

大瑶山隧道全长14.295公里,是当时我国最长的隧道。它是我国隧道工

程技术现代化的起步，同时也是严金秀隧道科研事业的第一步。

作为单位科研组驻现场的女性，刚到工地的严金秀首先遇到的就是住宿问题，单位现场科研组就她一名女性，不能和其他男同事一起挤大帐篷。后来她与施工单位一位工人的女儿一起，在离工地不远处的一个河边小木屋里住了一年。虽然住宿条件艰苦，但这个要强的小姑娘每天眼里看的、脑子里想的、嘴里念叨的，除了科研数据还是科研数据。

大瑶山隧道不仅要从两端开挖，而且还有斜井和竖井，严金秀所在的这个科研组当时在一个斜井工区工作。记得有一次，她和一位老专家刚进入隧道，就有人喊"涌水啦，涌水啦"，所有作业人员都开始往外撤，但是老专家不仅没撤，还往里面的掌子面赶，直到把掌子面的涌水情况调查清楚了才撤出来。这次经历让她对隧道行业有了一个全新的认识，也从心底敬佩从事隧道技术的人，当时她就下定决心，一定要在隧道技术领域有一番作为！

这些年来，严金秀一直在隧道行业打拼，主持了比较知名的宜万铁路野三关隧道、青岛海底隧道等项目的科研攻关。宜万铁路上的野三关隧道因地质结构复杂，被专家列为世界级施工难题，为加强隧道的风险管控，她主持进行了"野三关隧道风险评估和控制的研究"，这是我国铁路第一个隧道风险管理研究项目，开创了隧道风险评估的先河；青岛胶州湾海底隧道要穿越18条断层破碎带，密密实实被海水包裹的长度达4公里，如何解决隧道的防水和排水是一个难题，而她主持的"青岛胶州湾隧道防排水系统、防排水结构及其施工质量控制研究"解决了这个难题。

严金秀在隧道科研方面收获了诸多荣誉，先后获得中国铁道学会科学技术特等奖1项、一等奖1项、二等奖1项，中国施工企业管理协会科学技术创新成果一等奖1项。同时她还获得了铁道部科技拔尖人才、詹天佑铁道科学技术人才奖、铁道部火车头奖章，被联合国妇女署评选为2017年度女性榜样，荣获"最美科技工作者""全国三八红旗手""全国五一劳动奖章"。

严金秀工作照

坚守科研初心的"隧道女神"

"搞技术是一个很苦很累的工作，我能坚持下来，关键就是守住自己的初心。"严金秀说，自己最开始进入隧道技术行业就是想要通过自己的努力，让中国的隧道技术更进一步。严金秀的眼里，事业就如同挖隧道一样，挖的时候前面是黑暗的，但是坚持下去，等到隧道打通了前面就是光明。这么多年，每次遇到科研难题的时候，她就会想起自己的初衷和梦想，然后咬牙坚持下去，当她和团队攻下难题后感受最深的就是那一份坚持，那一份坚持就是成功最大的动力。

有一次，严金秀跟很多专家去隧道考察，施工单位的一名男性拦住了她，对方大概的意思是，女性不方便进入隧道工地。严金秀清楚，不让自己下隧道的原因除了封建迷信的思想外，还有就是对女性不够信任。面对这名施工人员的阻扰，严金秀用一个典故轻松地化解了场面的尴尬，她说，"西方的12月4日是圣芭芭拉节，这一天被称为隧道女神节。你们看，隧道的保护神是女神，你们不让女性进去，怎么保护你们嘛。"严金秀充满智慧和幽默的一番话让对方无法辩驳，一时找不出阻拦的理由，严金秀趁热打铁地向对方介绍自己对隧道建设的看法，用专业的知识消除了偏见。

　　这些年来，作为一名隧道科研人员，严金秀坚守着自己进入隧道行业的初心。"在我的学习生涯和工作领域中，身边的女性一直是少数，但是我们不能因为这样的环境就影响到自己对事业的追求。"严金秀说，最近几年，在工程行业女性的比例越来越大，不只是中国，全球都在变化。在国际隧协的执委中，过去一直是清一色的男性，而近些年共有5位来自欧洲、北美、亚洲的女性先后当选。她希望女性朋友不要受环境的影响，要坚守初心，勇敢前行，让他们看到"女人的自信"，这份自信就是新时代女性的获得感！

严金秀工作照（中）

站上国际隧道舞台的"中国代言人"

"真正让我难忘的,是我在国际隧协这一段奋斗经历!"严金秀说,最开始接触国际隧协这个平台时,还只是参与翻译工作,通过那次国际会议,她了解到国外的先进隧道技术,她的心里萌生了一个想法:要将国外的先进隧道技术引进来,同时帮助中国的先进技术走出去!

随后,她开始为此而努力,积极参加各种国际会议,研究国内外先进隧道技术。1999年,严金秀正式代表中国在国际上参加学术交流会议,成为国际隧道协会的一员。

"我能做的就是尽最大努力发出中国声音。"在严金秀的记忆中,她在国际隧协任职这二十余年,每次都格外珍惜参加国际会议的机会,提前准备好主题报告,有机会就尽量把中国的隧道技术介绍给大家,遇到有其他国家邀请她做学术交流报告,就算手里工作再忙,也要尽量抽时间去现场作交流,因为在她眼里,这是发出中国声音的最好机会,也可以纠正国外对中国隧道技术的误解。

严金秀担任国际隧协执委期间,先后代表ITA在欧洲、南美、中东、东南亚等地做了近40次国际会议的主题报告,是ITA最为活跃的执委之一。通过她所做的这些工作,不仅扩大了中国隧道工程界在世界舞台的影响力,也大大提高了中铁科研院和中国中铁的国际知名度。

为了工作,严金秀付出了百倍的努力,随身携带笔记本电脑已经成为她多年来的习惯,无论是下班回家、出差期间,还是在飞机上,她都要把这些时间利用起来。"我是一个经常加班、以单位为家的人,没有什么周末和假期概念。"在她的记忆中,丈夫经常开玩笑说陪伴我最多的不是他,而是笔记本电脑。结婚三十多年,他们俩一起看电影不超过5次,一起去旅游的次数则是0。遇到家里有什么事情需要处理,家人都会自己先去处理,所以她说自己在工作上取得的所有成就，都有家人的一份功劳。

严金秀几乎把所有的时间和精力都奉献给了自己热爱的隧道事业，她的辛勤付出得到了全世界多数隧道专家的赞赏。

"我们现在的隧道科研人员是非常幸运的，因为大家生活在一个好时代！"严金秀的理想，是助力中国引领世界隧道技术发展，用理论创新、技术创新、工程创新，建造出世界上质量最好的隧道工程的科技强国！为了这个梦想，她从未停下前行的脚步。

严金秀简介

严金秀，女，汉族，1964年9月出生，中共党员，四川省绵阳市人，1984年毕业于成都地质学院,1997年获西南交通大学工学硕士学位。1984年7月开始在铁道部科学研究院西南研究所从事科研工作，现任中国中铁科学研究院副总经理、国际隧道与地下空间协会主席。

严金秀是国内知名隧道专家，长期从事隧道工程技术研究，对国内外长大和复杂山岭隧道设计及施工技术、水下隧道设计及施工技术等方面有较深研究。先后获得了铁道部科技拔尖人才、詹天佑铁道科学技术人才奖、铁道部火车头奖章，荣获"全国三八红旗手""全国五一劳动奖章"，被中宣部定为重点宣传典型。2019年5月，严金秀当选为新一届国际隧协主席，这是中国隧道专家首次当选，也是国际隧协历史上首位女主席。

勇攀高峰　奋发不怠

——记桥梁结构健康与安全国家重点实验室副主任、中铁大桥局业务经理　潘东发

性格内向安静、为人低调谦和，在工作中充满激情、干劲十足，默默无闻地将全部精力投入到桥梁的科研工作中，他就是中铁大桥局桥梁专家——潘东发。

作为一名桥梁科技工作者，潘东发对于所从事的每一项科研任务、每一个责任岗位都倾注了极大的热情。他凭借着深厚的桥梁理论功底和奋勇争先的锐气斗志，不断攀登着新的科技高峰。

潘东发1999年被评为中国铁路工程总公司"青年科技拔尖人才"；2007年享受"湖北省政府专项津贴"；2008年被中国铁路工程总公司评为"有突出贡献中青年专家"，获得四部委"'讲理想、比贡献'活动科技标兵"荣誉称号；2009年获得武汉质量贡献奖、火车头奖、全国科技标兵、湖北省劳动模范；2010年荣获"全国劳动模范"，享受国务院政府特殊津贴专家；2011年获"詹天佑成就奖"，同年获评"全国优秀科技工作者""全国建筑业优秀总工程师"荣誉称号；2013年获"全国工程建设质量管理先进工作者"荣誉称号；2015年获"全国施工企业科技精英"荣誉称号，同年入选了国家百千万人才工程，并被国家人力资源和社会保障部授予"有突出贡献青年专家"荣誉称号；2017年获中国建筑业协会"创建鲁班奖工程先进个人"荣誉称号。

潘东发工作照

与桥梁行业"意外"结缘

1965年11月出生的潘东发是江西宁都人。宁都被称为赣江源头，全境有大小河流638条，盛大的水系滋养着这块享誉千年的客家鱼米之乡，也使得这片土地成为众多杰出人才的摇篮。

1984年，意气风发的19岁青年潘东发从江西宁都中学毕业了，开始面临着人生中第一个重大的抉择——填报高考志愿。

据潘东发回忆，1984年他填报志愿时，自主填报的并不是桥梁专业。当时，省招生处给学校打电话，询问潘东发是否同意将志愿改成西南交通大学大桥工程局桥梁专业代培班，毕业后到大桥局工作。

"由于我家在离学校约70公里的山里面，不通公路、不通电话，我的班主任联系不上我，但他觉得这对我来说是一个非常好的机会，就帮我答应了下来，我与桥梁从此结下了缘分。"潘东发说。

就这样，因为一场美丽的"意外"，潘东发与桥梁的缘分开始了。不过，他从未后悔过这次"意外"，而是欣然拥抱了命运的安排。1988年，潘东发以优异的成绩从西南交通大学铁道桥梁专业毕业，并顺利入职中国桥梁建设的排头兵——铁道部大桥工程局（中铁大桥局前身），工作于大桥局桥梁科学研究院，成为一名桥梁科技工作者。

潘东发从大桥局桥梁科学研究院的一名实习生做起，一步一个脚印，从普通科研人员成长为大桥局设计事业部部长、局副总工程师、项目总工程师、局总工程师。他带领工程技术人员在重大工程项目中"当尖刀"、挑重担，一系列世界级建桥难题迎刃而解。

在世界级舞台大显身手

21世纪，中国的铁路建设进入高铁时代。

2004年9月，长江上的第一座高速铁路桥梁——武汉天兴洲长江大桥正式动工修建。属于潘东发的时代来临了，在桥梁科研领域厚积薄发的潘东发主持了天兴洲桥的施工方案研究与施工结构设计工作，开始在这座具有里程碑意义的桥梁上大展身手。

2007年初，武汉天兴洲长江大桥主塔钢梁同步建设进入攻坚阶段，中铁大桥局创新提出整桁段架设新技术工艺方案。公铁两用钢梁桥整桁段架设在世界建桥史上属首创，众多技术难题摆在了他的面前。

潘东发相信，自己只要遵从科学、脚踏实地，就没有过不去的"火焰山"。针对大桥主桥主塔和钢梁架设同步施工，主跨钢梁采用整节段架设施工的新技术、新工艺、新设备的特点，他组织研究制定了钢梁整节段匹配组拼技术方案，以及整节段钢梁现场吊装方案。对于三主桁钢桁梁节段吊装的特点和难点，他通过模拟分析，创新采用钢桁梁节段工厂连续匹配组拼技术和三吊点荷载自动分配吊装技术，加上新研制的700吨架梁吊机，成功解决了三主桁钢梁多点插入对点拼装难题，发展了钢桁梁架设技术。在潘东发和同事们的努力下，天兴洲大桥的每一项科技成果及自主创新技术都达到世界一流水平。天兴洲桥最终取得了6项自主知识产权，创造了4项世界第一，并一举获得国家科学技术进步一等奖、湖北省科技进步特等奖、美国桥梁大会——乔治·理查德森奖等多项大奖。

在绘就了天兴洲长江大桥这幅气势恢宏的壮丽画卷后，潘东发又被委以重任，先后担任了武汉二七长江大桥和武汉至黄冈城际铁路黄冈公铁两用长江大桥的总工程师。其中，黄冈公铁两用长江大桥工程规模宏大，技术含量高，施工难度大，作为总工程师的潘东发在建设期间带领团队开展了十几项重大科研课题的研究，攻克了多项重大建造技术难题，并形成系列成套施工技术，其中"复杂地质深水基础快速成桩成套技术""高塔快速施工成套

潘东发工作照（右一）

技术"创造了国内桥梁基础及主塔施工的新纪录；"PESC7-475斜拉索研制及挂设技术"解决了世界最大规格斜拉索的制造和挂设难题，推动了平行钢丝斜拉索制造和施工技术进步。"宽翼缘平行四边形截面钢梁杆件制造技术""架梁吊机架设墩顶区钢梁技术""斜主桁钢梁设计及架设技术""大跨度桥梁自平衡横向抗风技术"解决了斜主桁钢梁杆件制造及架设技术难题，更是钢梁架设技术的重大进步。2017年，黄冈公铁两用长江大桥荣获国家优质工程金奖。

担任中铁大桥局总工程师期间，潘东发主持了沪通长江大桥、马鞍山长江大桥、铜陵长江大桥、港珠澳大桥、平潭海峡公铁两用大桥等多座令世界瞩目的重大桥梁工程施工方案研究和重难点技术攻关工作。

为"建更多名桥"而努力

"世界上没有两座一模一样的桥，每座桥所处的地质、水文等环境条件都不同，没有一座桥的施工方案能照搬，须针对新情况不断研究，用新技术、新工艺加以解决，创新无止境。"潘东发深谙此理，他总是通过捕捉不同桥梁的"个性"，有针对性地开展技术创新和科研攻关。

从业三十多年来，从桥科院的见习生到大桥局总工程师，长期科学实践的积累让潘东发对创新有了更为深刻的理解。在潘东发看来，创新与风险是一对"姊妹花"，对于桥梁建设来说，任何一项创新都要以安全为前提，都必须经过严格的结构计算和理论分析的考验。从某种意义上说，建桥科技的创新是"不容许失败的"。

潘东发从来都不只为"标新立异"而创新。在修建二七长江大桥时，面对大桥二百多米高的桥墩工程师们测算发现，如果将桥墩浇注分段从常规的

6米提高到9米，工效有望提高。但经反复研究，同时考虑到国内当时缺乏相匹配的大型起吊机、施工安全风险会增大等因素，最终放弃了这一"冒险"做法。正如他所说："有些创新，受当下外部条件所限难以实施，只能割爱。"而现如今，随着条件的成熟，潘东发的桥墩超大节段施工构想正在成为高塔桥梁建设技术发展的方向。

每一项创新成果的背后都是比常人更多的辛勤付出。在任项目总工程师时，潘东发每天都会花一半以上的时间"猫"在工地，了解施工现场遇到的问题、研究相关对策，晚上回到工地宿舍，还继续翻阅资料，做进一步研究。他把精力全部放在了琢磨问题上，几乎没有片刻的休闲时间。建武汉天兴洲长江大桥时，尽管工地离家很近，他却很少回家，总是坚守在工地，甚至连除夕夜都是在工地上度过的。

"桥梁技术在不断地发展进步，只有不断地更新知识，才能跟上时代的步伐。"潘东发说，即使是一座单一的桥梁，也是多种学科知识的集合，如岩土、结构、材料、钢结构焊接、涂装、路面等，况且目前建筑市场环境变化快，需要不断地"充电"，才能胜任总工程师的工作、适应企业的发展要求。

面对取得的众多荣誉，潘东发总是很谦逊。如今，他依然在坚持不断地充实自己、武装自己，为了"建更多名桥"的梦想努力着，为中国的桥梁事业奉献着。

潘东发简介

潘东发，男，汉族，1965年10月出生，共产党员，江西宁都人，硕士研究生学历，正高级工程师，"全国劳动模范"，新世纪国家百千万人才工程人选，国家有突出贡献中青年专家，享受国务院政府特殊津贴专家。现任中铁大桥局集团有限公司业务经理、桥梁结构健康与安全国家重点实验室副主任。

潘东发先后主持完成了武汉天兴洲长江大桥、武汉二七长江大桥、黄冈长江大桥、沪苏通长江大桥、平潭海峡公铁两用大桥等数十座重大桥梁的科研、施工和技术管理工作，攻克了一系列世界级建桥技术难题。曾荣获"詹天佑成就奖"，被授予"全国优秀科技工作者""全国建筑业优秀总工程师""全国工程建设质量管理先进工作者""创建鲁班奖工程先进个人"等荣誉称号。

让盾构科技引领国际

——记盾构及掘进技术国家重点实验室主任、中铁隧道局总工程师　洪开荣

"我们科研人员在实验室就能借助远程故障诊断系统平台，为千里之外的项目施工'会诊'，帮助现场解决施工难题。"中国中铁隧道集团总工程师、盾构及掘进技术国家重点实验室主任洪开荣在接受采访时自豪地说。

从引进吸收到自主创新，从中国制造到中国创造，从领先国内到享誉世界，洪开荣领衔的盾构创新团队经过十余年的积累和发展，引领我国盾构整体水平跃上世界行业之巅。

初识盾构　一鸣惊人

21世纪初，我国地下工程大量采用盾构机施工。尤其是广州地铁2号线在国内率先大规模采用盾构施工。

但使用进口的"洋盾构"不但价格昂贵，而且"水土不服"，现场人员对出现的问题一筹莫展，只有国外厂家才能解决，不但耗时长、费用高，而且受制于人，制约着我国隧道建设进程。

以洪开荣为代表的中铁隧道局盾构科研团队不断钻研，借助在西康铁路秦岭隧道掌握的全断面硬岩隧道掘进机技术，很快就熟悉和掌握了盾构机的

使用，并不断取得突破。

2000年初，洪开荣担任广州地铁越秀公园——三元里区间盾构项目总工程师，负责技术管理及科研工作。在建设初期，进口盾构机经常抓不牢管片，总是掉下来。有人建议更换新的抓取设备，但需要花费三百多万元。洪开荣经过深入细致分析及论证，提出调整参数的解决方案，但外方代表根本不相信中国人的能力，坚决不同意。

"是裹足不前，还是创新突破？"洪开荣毅然选择了后者，已是高级工程师的他自信地说道："你们调整参数，我到下面去，要伤就伤我吧！"洪开荣从容地走入现场，这时他头顶上方是3吨多重的管片，周围是一片惊异的目光。经过多次验证，洪开荣提出的调整参数方案获得多方的认可，成功破解了盾构机抓不牢管片的技术难题。

广州地铁建设时，洪开荣率领他的团队在面对软硬不均复合地层这一国际性难题上首创出我国复合盾构隧道施工法，解决了软硬不均地层隧道盾构施工的关键性技术难题，并由此创造了盾构单机月均掘进331.5米、最高月掘进562.5米的速度，刷新了当时国内外类似工程施工的最高纪录。该成果获2006年国家科技进步二等奖，广泛应用到广州、深圳、北京、成都等城市地铁建设中，极大提高了我国隧道盾构法施工技术水平，产生了广泛的社会效益。

造中国盾构　超越洋品牌

在引进"洋盾构"的同时，科技部将盾构关键技术研发与研制列入国家"863计划"课题，以实现国产盾构为目标，提升我国装备制造水平。

从2002年开始，洪开荣和技术团队在以往盾构研发的基础上，以国家"863计划"为依托，开始着手盾构关键技术的自主研发，在盾构刀盘刀具研

洪开荣工作照

制及液压系统设计等方面取得突破。

十年磨一剑，2008年4月，国内首台自主设计制造的"中国中铁1号"盾构下线，从此国产盾构掀开了新的篇章。

洪开荣说："当时很多人对洋品牌偏爱，而对中国制造的盾构持怀疑态度。我们以超乎常人的魄力将这台盾构运用于天津地铁3号线，成功穿越了瓷房子、渤海大楼等对地层沉降近乎苛刻的标志性建筑，地面建筑完好无损。'中国中铁1号'盾构整机性能达到国内先进水平，多项关键技术达到国际领先水平。"

坚持研发设计与施工生产紧密结合，现场数据反馈和产品性能优化良性互动，洪开荣率领创新团队将"973计划""基于高效破岩的盾构刀盘刀具数字化设计基础研究"的研究任务融入重庆地铁6号线盾构设计、制造与施工应用全过程。

　　洪开荣率领研发团队用两年时间自主研制了直径2米、刀间距可调的回转式盾构刀具岩机作用综合实验台；开发了刀盘数字化设计软件，带动了自主设计制造盾构主机和关键部件产品的创新。最终9台自主制造的盾构如期出现在重庆地铁施工现场，改变了"洋盾构"垄断中国市场的局面。

　　正是十多年坚持不懈的技术积累，洪开荣率领创新团队不仅能自主研发生产盾构，而且敢于对"洋品牌"动手术。2011年，甘肃陇中引洮供水工程施工进入了最为关键的时期，"洋盾构"因为不适应地质条件而卡盾停机，国外厂商面对此问题束手无策。而洪开荣带领的创新团队在最短的时间内就完成了对"洋盾构"的诊断，对症下药，只用3个月就完成了再制造，整机性能得到了极大提升，创造出月掘进1868米的世界纪录，连续8个月的掘进均超过千米。

洪开荣工作照

穿江越洋　加速盾构产业化进程

"平步跨高山，谈笑越江海。"洪开荣认为，隧道从大江大河甚至海底下面穿越已不再是梦想，特别是沿江沿海地区，城市空间非常有限，而隧道出入口占地少、不扰民，优势很大。因此，向地下和水下空间开发将是必然趋势。

广（州）深（圳）（香）港高铁狮子洋隧道是隧道施工穿江越洋的标志性工程。当时，已是中铁隧道集团副总工程师的洪开荣担任项目经理，施工期间带领科研人员对盾构刀盘刀具、推进和驱动等子系统进行改进，使得各系统故障率显著降低，逐一攻克了600米江底裂隙发育段等12项重大危险源，破解了盾构"江底掘进、相向掘进、地中对接"难题，有力地推动了我国长大水下与海底隧道的建设和发展。

为了加速我国盾构产业化进程，打造完整的盾构产业链，洪开荣于2010年牵头筹建盾构及掘进技术国家重点实验室，并担任实验室主任，力促盾构产、学、研、用的紧密结合。

基于长期积累，洪开荣带领创新团队积极承担国家盾构及掘进技术领域重大课题攻关并取得显著成果，其中"盾构装备自主设计制造关键技术及产业化"获得2012年度国家科技进步一等奖，并入选2013年国家"创新人才推进计划——重点领域创新团队"，获得2014年"第五届全国专业技术人才先进集体"称号。他还主持了《盾构法隧道施工与验收规范》等多项国家、行业标准的编制。

"失稳、失准和失效三大问题是长期困扰盾构施工行业的国际难题，通过持续多年的产、学、研合作，目前我们实现了这三大突破！"洪开荣说。

为加快信息化与工业化深度融合，提高盾构制造数字化与控制智能化水平，洪开荣带领创新团队构建了远程故障诊断系统等11个实验平台并投入使用，为北京地下直径线、长株潭城际铁路、重庆地铁6号线和国家"973计划""863计划"项目的研究发挥了重大作用。

随着经济和社会的飞速发展，岛与岛之间、岛与大陆之间、海峡之间的海底隧道连接越来越多，越来越重要。这些为盾构产业化提供了广阔的发展空间。

"人在地上走，车在地下行。江河湖海任我游，岛峡相连新大陆，这是隧道科技未来使命之所在。"洪开荣自豪地说。

大胆创新理念　助力规划设计水平

2015年4月21日，长（沙）株（洲）（湘）潭城际铁路"桥改隧"方案经过一年多的反复论证后开始全面实施。

长株潭城际铁路线路全长95.5公里，是连接长沙、株洲、湘潭城市群的城际快速铁路，建成后长株潭三市之间互通交通时间将缩短为30分钟以内。

中国中铁隧道集团承建的一标段长沙站至德雅村段线路位于长沙市中心城区，原设计以桥梁方式跨越长沙站北端三湘南湖大市场及德雅村，商业及居住房拆迁量巨大，征地拆迁成本高，并且市场搬迁及村民安置也是个难题。

洪开荣兼任长株潭城铁一标段项目经理，根据丰富的施工经验提出了"桥改隧"方案，得到了长沙市政府、广铁集团及铁四院的积极响应和大力支持。

"新方案下穿三湘南湖大市场，4次下穿京广铁路及联络线，安全风险和施工难度非常大，给盾构施工带来了很大挑战。盾构掘进就像在刀尖上舞蹈，甚至比穿越湘江更难，必须小心翼翼。"

该项创新建议方案可减少房屋拆迁 160 万平方米，节约用地 1211.9 亩，直接减少工程征拆投资 11.228 亿元，创造了巨大的经济效益和社会效益，对城市区域的整体规划与发展具有明显的优势。

洪开荣说："只有敢于破除经验主义，勇于理念创新，实现施工与设计的互动，才能推动我国市政工程建设向国际水准看齐。"

2011 年 10 月底，长沙营盘路湘江隧道建成通车。洪开荣率领创新团队打破了"一条隧道两个口"的传统隧道设计，首次成功将立交桥搬到了水下。除南北满足双向 4 车道通行的主线外，湘江东西岸还各设了一进一出两条满足单向双车道的匝道，出入口分别在湘江大道和潇湘大道上。

"超浅埋水下立交"的设计新理念，不仅最大限度保护了生态环境，而且共节约用地二百多亩，节省成本超过 1 亿元，为解决城市交通拥堵提供了一种重要交通建设模式。

洪开荣带领建设者们破解了一个又一个困难。施工过程中，长沙营盘路湘江隧道 8 次穿越湘江大堤，8 次穿越断层破碎带，施工难度、技术含量、风险系数在目前国内水下矿山法隧道设计和建设过程中极为罕见。

钻山沟，住荒郊，趟泥浆水，进掌子面，洪开荣一直工作在我国隧道及地下工程领域科研、施工一线，凭借智慧与知识的力量，主持和参建了上百座隧道工程，让隧道如同立交桥一样在江底穿梭，成功解决了数不清的施工现场技术难题。在孜孜不倦、上下求索的过程中，洪开荣也收获了诸多荣誉：先后获国家科技进步一等奖 1 项、二等奖 2 项；获詹天佑铁道科学技术大奖、成就奖；出版专著 8 部、发表论文 47 篇；获发明专利 56 项、省部级科技进步奖十余项，主编国家标准及行业标准 5 部。他也是国家万人计划领军人才、国家有突出贡献中青年专家、全国优秀科技工作者、"全国五一劳动奖章"获得者、"全国劳动模范"。

洪开荣简介

　　洪开荣，男，汉族，中共党员，1965年8月31日出生于湖南攸县。1981年9月，考入湖南水利学校就学；1987年9月，考入兰州铁道大学土木系就学，攻读桥梁隧道与结构工程专业硕士研究生；2001年9月，考入北京交通大学，攻读桥梁与隧道工程专业博士研究生；1990年4月，在兰州铁道学院科研所工作；1991年10月，调入铁道部隧道局工作，任科研所总工程师、广州指挥部常务副指挥长、隧道局总工程师、盾构及掘进技术国家重点实验室主任等职务。

　　洪开荣承担了国家"863计划""973计划"等多项国家级科研课题，获国家科技进步奖3项，入选国家百千万人才工程"有突出贡献中青年专家"，被评为国家高层次人才特殊支持计划领军人才、"全国劳动模范"等，荣获第十三届詹天佑大奖，2007年起享受国务院政府特殊津贴。

用匠心走好科技创新路

—— 记中铁六院副总经理、总工程师　范建国

三十余载勘察设计生涯，他养成了一丝不苟、精益求精的做事风格；三十余年求索创新之路，他践行了锐意进取、志在必夺的敬业精神。他深谙认真可以把事做对，用心才能把事做好；他信奉恒心能考验匠者的毅力，细微之处可彰显非凡品质。他就是——中铁六院副总经理、总工程师范建国，在其职业生涯与创新路上，走出了一条清晰可见的人生轨迹，取得了让人引以为豪的成功业绩。他的匠心魅力，为时代工匠品质注入了新内涵；他的创新之路，成为众多科技人员人生价值的真实写照。

业精于勤，匠心精神让事业生辉

1989年7月，范建国在西南交通大学完成四年本科学业后，走进了原铁道部第三勘察设计院。范建国在求学期间，就养成了勤于思考、勇于探索的习惯，走进铁三院之后，随着勘察设计实践工作的积累，他把这种习惯升华为对专业专注一丝不苟且孜孜不倦追求极致的工匠精神。正是由于"专心致志从其事"工匠精神的激励，使得范建国在其从事的勘察设计领域脚踏实地，奋发有为，取得了一项又一项可喜可贺的业绩。

他负责完成了我国首条时速350公里高速铁路——京津城际铁路勘测设

范建国工作照

计工作，构建了主要技术标准和建设方案，解决了深厚松软土地基和区域沉降条件下修建高速铁路的技术难题；主持完成了世界首条高寒地区高速铁路——哈大铁路客运专线的勘测设计工作，研究解决了严寒地区路基、无砟轨道、桥梁、隧道防冻胀、抗冰雪方面的系列技术难题；主持完成了我国首条采用Ⅲ型板式无砟轨道时速350公里高速铁路——盘锦至营口客运专线勘察设计工作，系统确定了项目功能定位、最高设计速度目标值，解决了高速铁路与既有沟海铁路的线路并行设计难题、Ⅲ型无砟轨道关键技术及与桥梁、路基集成设计的问题；解决了沈阳至丹东客运专线充分兼顾城际功能、速度目标值确定、环境敏感点线路设计、车站选择等系列技术难题，进一步优化完善了严寒地区高速铁路设计技术；负责完成了京沈客专勘察设计工作，创造性提出采用结构基床，解决了北方地区修建高速铁路的冻胀难题；系统研究解决了哈大客专、京沈客专引入沈阳铁路枢纽的技术难题，合理确定了沈阳铁路枢纽布局；解决了我国首条重载铁路——大秦线2亿吨扩能改造工程车站设置距离、到发线设置长度、数量、轨道类型、场站布置、运输组织、煤炭集疏运等关键技术难题；主持完成了我国首条新能源悬挂式轨道交通的勘察设计工作，确定了设计标准、线路方案，解决了轨道梁设计关键技术难题，组织开发了梁车耦合计算系统，主持编制了我国首个地方标准《悬挂式单轨交通设计标准》。

　　勘察设计工作的实践与经历使范建国不仅得到了历练，还增长了才干。对此，他体会颇深，感悟良多。他说，京津城际铁路的成功，是我国铁路由弱变强、量变到质变的象征。时代呼唤工匠精神，工匠精神是实现自我价值的有效途经。

功崇惟志，创新之路在脚下延伸

　　大凡具有匠心精神的人，都是心有志向、不甘平庸的，他们对自己所从事的专业，不仅有一种知难而进、永不言弃的钻研精神，还有一种求变求

范建国工作照

精、求实求新的创新精神。范建国正是这样的人，他在自己钟爱有加的勘察设计行业里，锁定目标，锲而不舍，走出了一条令人叹服的创新之路。

他担任过原铁道部重大课题《京津城际高速铁路土建成套技术研究》《哈大铁路客运专线基础工程综合技术研究》《中国、伊朗、土耳其铁路技术标准的适应性研究》等课题研究负责人，其部分研究成果已纳入行业设计规范，为行业规范制定奠定了基础。同时，范建国还主持完成了天津市重大课题《天津滨海新区B1线关键技术研究》《新能源悬挂式单轨关键技术》，重点参与了中国工程院《超高速磁悬浮技术发展战略研究》，负责编制了我国首个地方标准《悬挂式轨道交通设计标准》。此外，他撰写的《区域地面沉降地区铺设无砟轨道的应对措施研究》《京津城际铁路无砟轨道系统设计及配合施工主要方法及体会》发表在《铁道建筑专刊》；"Soil-cement mixture properties and design considerations for reinforced excavation" 发表在 *Journal of Rock Mechanics and Geotechnical Engineering*；出版了专著《中国高铁土建技术》和《悬挂式单轨交通关键技术》，这些学术成果成为了宝贵的技术总结，为业界提供了借鉴。此外，他参编标准规范多项，发表论文多篇，获得专利5项。

创新之路不仅彰显了范建国的工匠精神，也展示了他的专业才华。他说，铁路及轨道交通发展没有最好，只有更好。科学技术发展仍在路上，创新是社会进步的永恒主题。

天道酬勤，成果属于耕耘之人

机遇垂青那些奋发向上、自强不息的人，成果当属那些匠心独运、勤劳耕作的人。岁月更迭，春华秋实。范建国在长期的工作中收获了成果，成就了自我，由他主持或参与过的多项工程连连获奖。

范建国先后获得国家科技进步一等奖1项、国家优秀勘察设计金、银、铜奖3项、国家优秀咨询奖3项，省市级科技进步奖、优秀设计奖、优秀咨询奖三十余项。"京津城际铁路工程"荣获国家科技进步奖一等奖；"京津城际铁路总体设计"荣获第十四届全国优秀工程勘察设计金奖；"京津城际铁路工程地质勘察"荣获第十四届全国优秀工程勘察设计银奖；"大秦铁路2亿吨扩能改造工程"荣获全国优秀工程勘察设计铜奖；"京津城际铁路可行性研究报告"荣获全国优秀咨询一等奖；"新建北京至沈阳铁路客运专线可行性研究报告"荣获全国优秀咨询二等奖；"北京至天津城建轨道交通工程"荣获第九届中国土木工程詹天佑奖创新集体；"哈尔滨至大连客运专线总体设计"荣获2015年铁路优秀工程设计一等奖。

有付出就有回报，有作为自有公论，范建国做出的业绩得到了社会的广泛认可。他先后获得天津市五一劳动奖章，天津市交通邮电系统最佳服务标兵；中国铁路总公司优秀共产党员、劳动模范、杰出青年项目总工；全路火车头奖章，詹天佑铁道科学技术奖青年奖、成就奖；首届天津市勘察设计大师等称号，并入选国家百千万人才工程，被授予"有突出贡献中青年专家"称号，2014年获批享受国务院政府特殊津贴。

斗转星移，时光荏苒。回首历历往事，范建国百感交集。他说，人类在不断进步，时代呼唤工匠精神，一个真正优秀的人才，不仅要知其然，还要有知其所以然的创新精神，更要具备"精于工，匠于心，品于行"的工匠精神。唯如此，我们才能在科技发展的道路上，不改初衷，砥砺前行；才能在行业的平台上展示身手，大有作为！

范建国简介

范建国，男，汉族，1968年12月出生，中共党员，山东省菏泽市人，大学本科学历，中铁第六勘察设计院集团有限公司副总经理、总工程师，被授予国家有突出贡献中青年专家称号，享受国务院政府特殊津贴专家，天津市设计大师、中国中铁专家、原铁道部青年科技拔尖人才等多项荣誉。

范建国先后主持了我国首条时速350公里高速铁路——京津城际铁路、首条高寒地区高速铁路——哈大客运专线、首条重载铁路大秦线2亿吨扩能改造工程、首条新能源悬挂式单轨、京广铁路客运专线等三十多项重点工程的勘察设计、技术管理及科技创新工作。先后获国家科技进步一等奖1项、国家优秀勘察设计奖3项、国家优秀咨询奖3项，省部级奖三十余项，出版《中国高铁土建技术》《悬挂式单轨交通关键技术》等多部专著，参与编写《京津城际高速铁路系统调试技术》，荣获专利5项。

盛开在盾构机旁的"杜鹃花"

——记中铁工业旗下中铁装备首席专家、副总经理王杜娟

王杜娟长期致力于隧道掘进装备的研发工作，作为技术骨干，通过"复合盾构样机研制"项目的实施，成功研制出具有自主知识产权的国内首台复合盾构，并获国家科技进步一等奖。她带领团队摸爬滚打近20年，完成盾构设计一千余台，研发了一批具有奠基性、开创性、战略性、挑战性的国内首台和世界首台产品，其中超大断面矩形盾构、马蹄形盾构设计制造技术处于国际领先地位，系列成果获得2018年国家科技进步二等奖。她主持编写、参与编写多项国家标准和行业标准，致力于盾构关键部件国产化研究，为推动盾构重大技术装备的国产化以及产业发展做出了重大贡献，并且在2014年习近平总书记视察中国中铁装备集团时，作为科技创新代表为习近平总书记讲解了盾构机的原理及应用。

打破国外垄断，造中国人自己的盾构

王杜娟2001年从石家庄铁道学院机械工程学院工程机械专业毕业，进入了中铁隧道股份新乡机械制造公司工作。工作中，王杜娟关注到了隧道施工的核心装备——盾构。

王杜娟工作照

　　长期以来，国内盾构市场完全依赖进口，不仅价格昂贵、制造周期长，关键技术也受制于人。为打破国外技术垄断局面，早在2001年，国家就将由该公司承担的"土压平衡盾构关键技术研制"列入"863计划"。2002年10月，中铁隧道集团盾构机研发项目组正式成立，时年24岁的王杜娟成为项目组18位成员之一，这支被称为"筑梦之队"的项目组开启了我国盾构研发的新历程。盾构是集机、电、液、气、传感于一体的大型自动化掘进设备，零部件多达1万个，单单一个控制系统就有两千多个控制点。项目组没有技术，没有指导，一切都要从零开始。

　　为了印证研发数据，王杜娟和同事们不断往返施工现场。加班是工作常态，熬夜是家常便饭，但她总说"咬咬牙就过去了"。经过不懈努力，2008年4月，他们成功研制出我国首台拥有自主知识产权的复合式土压平衡盾构。随后该机器被应用到天津地铁项目中，不但掘进速度快，地表沉降控制得也很好，成功穿越了施工难度最大的标段——渤海大楼、张学良故居、"瓷房子"等历史文化街区，得到了国内外专家的一致认可。专家们一致认为，该设备的整机性能已达到国际先进水平，多项关键技术达到国际领先水平，填补了我国在复合盾构制造领域的重大空白。由此这台功勋盾构机被命名为"中铁一号"，王杜娟也获得了河南省科技进步一等奖、中国铁路工程总公司科学技术特等奖。

扛鼎国产，比肩世界，造世界一流的盾构

随着国内城市轨道交通建设高潮的掀起和国家有关部门及中国中铁对盾构产业政策与资金扶持力度的逐渐加大，王杜娟的"民族盾构梦"有了更大的舞台。

2010年针对重庆地质情况，作为总体设计负责人的王杜娟大胆提出了硬岩盾构设计理念，并负责完成重庆9台硬岩盾构的设计，她负责的河南省"十一五"重大科技专项"硬岩盾构成套装备关键技术研究及应用"被专家

王杜娟工作照（右二）

组评价为"整机技术填补了国内空白",并获河南省科技进步一等奖。四年时间里她带领设计人员紧跟盾构掘进的步伐,从雪域高原到深海隧道,从冰封北疆到酷暑南国,从国内到国外,足迹遍布全国四十余座地铁建设城市,完成成都地铁17台盾构设计任务,深圳地铁项目5台盾构设计任务,并顺利完成马来西亚2台盾构设计,实现了"中国中铁盾构"冲出国门、走向世界的实质性跨越。2013年4月,中国中铁号盾构突破120台,达到128台。

2014年习近平总书记考察中铁装备时,提出了推动"中国制造向中国创造转变、中国速度向中国质量转变、中国产品向中国品牌转变"的重要论述。王杜娟作为技术骨干为习近平总书记讲解了盾构机的原理及应用,现场聆听了习近平总书记"三个转变"的重要讲话。随后的工作中,王杜娟以此为指引,带领企业和团队以"占领世界掘进机技术的制高点"为目标,坚持自主创新,"产学研用"相结合,为国产盾构创新发展和产业化做出了历史性的贡献。

2014年面对城市交通主干道、地铁站过街通道等日益增长的工程需求,她带领团队成功研制出当时世界最大断面矩形盾构,开辟了地下空间开发新工法,成功应用于天津、新加坡等地的项目中,并在德国宝马展展出时获得了国际同行的高度认可。"超大断面矩形顶管机"获2016年度"中国好设计"金奖头名。2015年她带领团队研制了世界首台马蹄形盾构机,并成功应用于蒙华铁路,实现自主化和智能化的同时创新了铁路山岭隧道开挖模式,系列成果《异形掘进机自主设计制造关键技术及应用》获2018年国家科技进步二等奖。2016年,国产最大直径12.14米土压平衡盾构机"麒麟号"下线;2017年,国产最大直径9.03米硬岩掘进机"彩云号"下线;2018年,国产最大直径15.80米泥水平衡盾构机"春风号"下线,均填补了国家相关领域空白,使我国隧道掘进机跻身世界前列。同时,王杜娟主编、参编各类标准15项,其中主编盾构机国家标准5项、行业标准2项,并致力于盾构机关键部件国产化研究,大力推进盾构/TBM产品的标准化设计、提高了盾构/TBM的国产化率。

在王杜娟和她的团队的努力下，如今中铁装备横向已形成"大""小""异型"不同断面以及土压、泥水、硬岩不同应用领域的全系列盾构机产品，直径可覆盖2～18米，产品遍布国内辽宁、北京、河南、四川、广州、广西、安徽等四十多个省市地区，盾构产销量连续10年国内第一，连续5年世界第一。同时，紧跟国家"一带一路"倡议，2016年一次出口以色列6台大直径土压平衡盾构机，2017年出口阿联酋两台11.05米大直径土压平衡盾构机，2018年首次出口卡塔尔和阿尔及利亚，2019年成功抢滩欧洲核心区，连续接到丹麦哥本哈根和法国巴黎地铁10米级盾构机的订单。中国中铁研制的盾构机已出口全球三十多个国家和地区，"朋友圈"越来越大。

2018年，作为来自企业一线的科研人员，王杜娟被选为第十三届全国人民代表大会代表。当选代表以来，她积极参加河南省人大的各类调研和学习活动，并结合行业发展就推动中国制造做大做强做优，推动中国从"制造大国"到"制造强国"的转变，提出了进一步加大基础研究资金投入、加大对我国西部人才引进的政策支持、制定过渡政策推动新产品新技术推广应用、鼓励以企业为主体加大研发投入、加大职业教育支持力度和试点两元制职业教育等建议。

如今，"上天有神舟，下海有蛟龙，入地有盾构"，中铁装备已成为中国高端装备制造业的靓丽名片，正朝着"世界第一"的目标大步迈进着。2019年3月8日，习近平总书记参加了十三届全国人大二次会议河南代表团审议，王杜娟作为八位代表之一，向习近平总书记汇报了我国隧道掘进机的科技创新和产业发展情况，并自豪地回答习近平总书记："我们从中国产品走向了中国品牌，中铁装备的品牌在全世界已经响当当了。"

王杜娟始终坚守内心的"科研报国梦"，勇担振兴民族装备制造业的重任，在打破国外技术的垄断中迎难而上，在攻占技术制高点的道路上攻坚克难，为推动盾构重大技术装备的国产化以及产业化做出了重大贡献。2010年被中国铁路工程总公司授予"优秀共产党员"称号；2012年被河南省人民政府授予"河南省学术技术带头人"称号；2013年被中国中铁股份有限公司授予"中国中铁十大杰出青年"称号；2014年被茅以升科技教育基金会授予"茅以升铁道科学技术奖——铁道工程师奖"；2015年被中华全国铁路总工会授予"火车头奖章""全国铁路先进女职工"称号，被河南省总工会授予"河南省五一巾帼标兵"称号；2016年被詹天佑基金会授予"詹天佑青年奖"；2017年被中华全国总工会授予"全国五一巾帼标兵"称号；2018年当选第十三届全国人民代表大会代表，同年被中宣部评为"最美科技工作者"，荣获第三届"央企楷模"称号。

王杜娟简介

王杜娟，女，汉族，1978年出生，中共党员，教授级高级工程师，大学本科学历，陕西扶风人，第十三届全国人大代表，中国中铁工程装备集团有限公司首席专家、副总经理。

长期从事隧道掘进机设计研发工作。二十多年来，她带领团队研发了一批具有奠基性、开创性的产品，完成隧道掘进机设计一千余台，走向三十多个国家和地区，推动中国盾构机实现了从量变到质变、从"追随者"到"引领者"的转变，为推动隧道掘进机重大技术装备的国产化以及产业发展做出了重大贡献。先后获得中宣部最美科技工作者、全国五一巾帼标兵、全国三八红旗手、火车头奖章、央企楷模、中央企业优秀共产党员、詹天佑青年奖、茅以升铁道工程师奖等称号。2014年习近平总书记视察中国中铁装备集团时，王杜娟为习近平总书记讲解了盾构机的原理及应用。2019年全国两会期间，王杜娟再次当面向习近平总书记汇报，并就推动行业发展提出意见和建议。

中国高铁施工装备创新先锋

——记中铁工业旗下中铁科工副总工程师　尹　卫

在中国中铁有这么一位技术专家，他经历并推动了中国高铁施工装备从无到有、从有到领先的伟大征程，让中国高铁用上了中国装备，让中国创造扬名海外。大家都说，施工难题都绕着他走，只要他出现在现场，项目部就安心、技术团队就有底气。在中铁科工，人人都称他"尹老师"。他就是中国中铁有突出贡献中青年专家、中国中铁劳模尹卫。2014年尹卫入选国家百千万人才工程，被授予"有突出贡献中青年专家"荣誉称号，享受国务院政府特殊津贴专家。

为中国高铁研制中国施工装备

1985年，怀揣着实现铁路施工机械化的梦想，尹卫来到中铁科工的前身铁道部武汉工程机械研究所工作。20世纪90年代初，他跟着老一辈专家研制出JQ130型架桥机，在中国首次实现"空中移梁，一次到位"，把T梁架设效率提升25%，让T梁需要3次移动成为历史。在这个过程中，尹卫的技术视野和研发能力得到了极大锻炼。

20世纪90年代末，国家提出兴建客运专线，桥梁一般用大吨位箱梁而非T梁。在秦沈客运专线开建之初，架设桥梁工法发生了根本性的改变，但

尹卫工作照

当时很多人对箱梁架桥机还没有概念。

"当时大吨位架桥机技术遭国外'卡脖子',研发几乎从零开始,难度可想而知。"尹卫讲到,有一天团队在一本杂志上看到了国外研制的600吨级架桥机,这激发了大家的斗志,"外国人能搞出来,中国人一样可以,而且能做得更好!"凭着这股劲儿,尹卫与同事一道在2000年成功研制出JQ600架桥机,这个型号的架桥机是中国对大吨位箱梁施工装备的一次里程碑式探索。

进入21世纪,随着高铁建设大幕的正式拉开,32米跨900吨预制预应力双线单箱简支梁体系的应用成为铁路桥梁施工领域一项重大工法飞跃,900吨级运梁车、架桥机的研发被原铁道部列为重大科研课题。

运梁车与架桥机是架设高铁桥梁的关键装备,两个设备共同配合才能完成桥梁架设。在秦沈客运专线上,国产600吨级架桥机搭配的是进口运梁车。进口设备不仅成本高,而且与国产设备配合不流畅,作业效率不高,参与过600吨架桥机研发的尹卫说，那时他的梦想就是让中国不再需要进口运梁车。

尹卫的梦想很快实现。经过3年多的技术攻关，尹卫团队成功研制出具有自主知识产权的JQ900A步履式架桥机、YL900型运梁车。结合工程施工特点首创步履过孔、尾部喂梁、简支架梁等作业模式，让设备作业更安全、更高效。该套设备于2006年3月在合宁线成功架设了国内第一孔900吨级32米双线箱梁，2007年经铁道部组织专家鉴定，该设备"填补了国内空白，达到国际先进水平"。后来，根据项目的不同情况，尹卫还带领团队研制出了行走式JQ900B型、导梁式JQ900C型、适应单双线的JQ900D型、适应隧道狭小空间的JQSS900型等不同型号的900吨级架桥机，为中国高铁的建设与发展做出了积极贡献。

中国高铁领跑世界是在引进吸收再创新中实现的，中国高铁施工装备的研发却一直走的是自力更生、自立自强的路线。出于综合效益考量，中国高铁桥梁开始尝试跨度40米的千吨级箱梁。尹卫指导年轻团队成功研制出世

尹卫工作照

界首套千吨级运架装备，让中国高铁施工装备也开始领跑世界。

尹卫曾说，希望有一天，中国能够研制出适应国外市场的铁路施工机械装备，造福世界。2019年，中国900吨级运梁车、架桥机成功应用于印度尼西亚雅万高铁建设，凝结着中国智慧的"大国重器"在"一带一路"上大放光彩。设备在印度尼西亚投入使用的时候，尹卫渡过重洋来到现场，笑呵呵地与运架装备合影。他说自己和运架装备合影很多，但最珍视的就是900吨级运架国内首架和国外首架的这两张，第一张记录的是让中国人第一次看到中国高铁施工装备，第二张记录的是让世界第一次看到中国高铁施工装备，很幸运，中国高铁施工装备的每一个高光时刻自己都在现场。

冲在前面的专家

经常会有客户点名邀请尹卫到施工现场把控关键节点，用他们的话来说，只要尹卫在场就特别心安。这种信任不是轻易得来的，而是来源于尹卫的技术实力以及他日积月累的丰富经验。大家经常说他是"福将"，他所负责的设备从来没有出现过任何安全问题，这种好运无疑源于他严谨的科学态度和扎实的技术功力。

即使客户没有要求，尹卫也习惯性地泡在现场。用他的话来说，从来没有脱离现场的技术。有一次在铁路施工现场，中铁科工研制JQ900A型架桥机正在作业时，突然架桥机一号柱冷不丁地向前蹿动，带动整个架桥机也一起向前蹿，霎时间，架桥机整个都在抖动。现场施工工人赶紧跑离现场，不敢再靠近架桥机，生怕出现安全事故。正好在现场的尹卫立马紧张了起来，架桥机的各项指标都反复验算过，架桥机没有任何问题，怎么会突然出现这种情况，难道设备真有什么纰漏？他迅速爬到架桥机底部查看设备情况。根据一号柱窜动的轨迹，他分析原因是施工人员没有将二号柱支稳引起架桥机向前窜。然而，现场施工工人还是担心设备有安全隐患，没有一个人敢操作设备将二号柱支稳。这时尹卫毫不犹豫地带领同事一起爬上架桥机，亲自操作设备，将二号柱牢牢架稳并尝试纵移架桥机。看到设备没有出现任何异动，工人才安心地继续施工。事后，当问及怕不怕时，他回答说，一点儿都不怕，因为他了解自己的产品，相信机械院产品的品质，坚信架桥机不会出现任何问题，而且，那种情况下也来不及害怕，只想搞清楚问题，让架桥机正常工作。

以往新的运架装备投入使用前尹卫总会守在现场，但2018年世界首套千吨级高铁运架装备投入使用后，尹卫倒是去现场少了些，"不是我懒了，而是我们的年轻技术骨干已经能挑大梁了，而且在铁路施工装备领域毫不谦虚地说，我们确实做到了第一，我们现在有底气、有信心让我们的每一台运架装备安全交付。"

大家的尹老师

中铁科工的技术人员习惯称呼尹卫为"尹老师"。他在工作中甘当领路人，尽心尽力地培养了一大批具有知识储备、创新能力和管理水平的高层次复合型青年技术人才，形成了在科研开发项目中历练精兵、培养骨干的良好风气。他在技术攻关中耐心讲解，在现场调试时言传身教，让这些复合型人才通过科研项目不断得到锻炼，在科研方面逐渐能够独当一面。

湖北五一劳动奖章获得者王英琳曾经在尹卫的指导下研发当时国内在役最大吨位的海上运架装备，"尹老师是我们公认的技术'大牛'，但是却非常和蔼可亲，没有一点点架子，他办公室的门随时可以敲开。"

在大家眼里，尹卫不只是一位技术权威，更是一个"智库"，在他那里，难题一定有最优解，可不可行一定有结论。2019年，尹卫领衔的"卫创专家工作室"成立，成为了各种新设备的孵化器。

2022年，中铁科工研制出世界首台桩梁一体机"共工号"，设备集成多种功能，可以实现引孔、打桩、架梁、拼装桥墩全套"空中"作业，是装配式桥梁施工的"新宠"。独一无二的设备必然会遇到前所未见的问题，设备要解决的一个关键问题是，如何保证引孔打桩时设备的稳定，这直接关系到引孔打桩的精度和设备的安全。

技术人员沈超找到工作室，向尹卫介绍自己的解决办法：通过设备的主梁把引孔打桩产生的振动传导到设备的后支腿。因为后支腿是三角形的，很稳。尹卫给出了自己的分析：如果振动传递的路径过长，局部的振动可能演变成设备整体的振动，安全风险可能会更大。在尹卫的建议下，设备最终选择通过前支腿传导振动。设备打桩时，将前支腿与主梁紧密连接，再设置两道横梁把打桩装置夹紧，避免装置上下振动，稳定的问题迎刃而解。目前，3台桩梁一体机正在广东施工，运行平稳，打孔精度高。

近两年来，中铁科工先后研制出世界最大吨位整孔预制箱梁运架装备"越海号"、国内首台千吨级过隧单主梁运架装备"陆吾号"、国内首台建筑构件机器人"赤沙号"以及不同吨位海上风电安装设备的背后都离不开尹卫的把关。

创新永无止境。尹卫正带领青年技术人员打造更安全、更智能、更节能的铁路施工装备，并已在运架装备上率先掌握"一键喂梁""一键落梁"以及运梁车自动驾驶技术。展望未来，尹卫说，自己会耕好技术创新的责任田，继续书写无愧于"开路先锋"的新篇章。

尹卫简介

尹卫，男，1966年4月出生，汉族，无党派人士，湖南邵东人，1991年毕业于华中理工大学（现华中科技大学），获硕士学位，教授级高级工程师，中铁科工集团有限公司副总工程师。1999年被评为中国铁路工程总公司青年科技拔尖人才，2007年获茅以升铁道科学技术奖，2008年被评为中国中铁股份有限公司有突出贡献的中青年专家，2014年入选国家百千万人才工程、授予有突出贡献的中青年专家，被评为中国中铁专家，享受国务院政府特殊津贴专家，2016年被评为中国机械工业协会科技创新领军人才。

尹卫长期致力于铁路施工装备设计研发，主持了《客运专线大吨位整体箱梁运架关键技术与设备》《复合导梁多支腿过隧道箱梁架桥机》《港珠澳大桥4000吨级钢箱梁电液均衡模块运输车》等重大装备研制，解决了大吨位箱梁运架、过隧运架等关键技术，在桥梁施工成套装备方面做出了突出贡献。先后获得中国施工企业管理协会科学技术创新成果特等奖1项、一等奖3项，中国专利奖优秀奖1项，中国铁道学会科学技术奖一等奖1项、二等奖2项，湖北省科技进步奖三等奖3项，中国铁路工程总公司科学技术奖特等奖2项、一等奖4项。

赤子之心谱华章

——记中铁一局党委书记、董事长 马海民

作为中国基础设施建设单位的优秀企业家，马海民曾获评"全国劳动模范"、全国优秀企业家、全国建筑业设备管理创新"领军人物"、全国优秀建造师、全国茅以升科学技术奖、中华全国铁路总工会火车头奖章、享受国务院政府特殊津贴专家，以及陕西省劳动模范、陕西省优秀企业家等多项荣誉。他勇于拼搏、敢闯敢试的个人品格和人格魅力精准践行着习近平总书记对"企业家"的五点希望，完美诠释了新时代优秀企业家的博大胸襟和豪情壮志。

厚积

马海民于1962年出生于西汉伟大的史学家、文学家、思想家司马迁的故里陕西省渭南市韩城县。司马迁创作的中国第一部纪传体通史《史记》对幼年时期的马海民心里产生了巨大的影响。他在小学阶段就树立了为祖国、为故土做出一番事业的宏伟的人生目标，这一目标陪伴着他自强不息、刻苦用功、顽强拼搏，于1982年考上兰州铁道学院，毕业后又读了本校的硕士研究生，几年后又考上西南交大的博士并最终取得博士学位，完成了一个学子一生中最高的学术追求。

1950年，中铁一局在甘肃天水诞生成立。七十多年风雨兼程，中铁一局作为"共和国长子"，肩负为国兴业的使命，完成了一项又一项精美的工程，建造了一座又一座历史的丰碑，无愧于"天下第一局"称号。如何引领中铁一局朝着行业一流、国内领先现代企业的发展目标继续迈进，成为了这一代中铁一局领导人必须回答好的时代问卷。

自2018年马海民担任中铁一局党委书记、董事长以来，作为企业的掌舵者和领航人，他坚持以"创新""实干""卓越""担当""情怀"十字为抓手，用一颗纯净、赤诚、火热的赤子之心，为推动企业更高质量、更可持续发展谱写了华美的乐章。

创新

"创新"被认为是企业家的灵魂。

马海民始终把改革创新作为建设国内领先、行业一流现代企业的必由之路，紧紧围绕转型升级、提质增效两大任务，大力整合各类资源，鼓励各种创新，不断推动企业管理升级、技术升级、体制机制升级、发展模式升级，进一步激发了新动力、释放了新活力。

他旗帜坚定地深化企业改革。围绕企业发展现状，他组织研究学习，对标先进单位，明确企业深化改革时间表、路线图、任务书，促进了改革深入实施；坚持把董事会建设作为优化现代企业治理的"牛鼻子"，指导修订了董事会议事规则和"公司治理手册"，全面提高了董事会战略管控、完善治理、决策把关、防范风险的能力；加快企业重组和资源整合，着力提升三级公司竞争力，近年来跻身中国中铁"三级公司20强"的企业数量高居系统榜首。

他坚持海外体制机制改革。围绕改革方案，坚决落实"揽干分工"，移

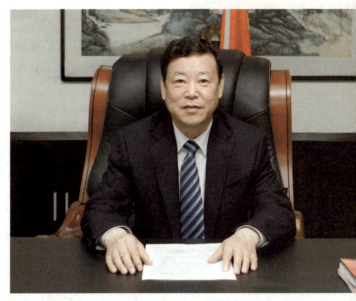

马海民工作照

交41个海外项目、两批分流85名员工到子分公司；修订完善了境内外薪酬管理制度，将经营成果与员工薪酬挂钩；建立经营工作责任制，党政主要领导亲自挂帅、出征，班子成员明确分工，压实责任，扛着指标工作；将原有的14个职能部门进行改组，更名为10个职能部门，突出经营开发及项目监管保障职能；优化境外区域布局，将原有"九大区域"进行压缩，设立"南亚、东南亚、南太、拉美、港澳、非洲"六大区域总部，突出既有优势国别和潜力市场；在海南自贸区注册成立了中铁一局集团（海南）国际建设公司，迈出探索多元化经营的第一步。

海外全年签约项目14个，累计新签合同额201.97亿元，为年度计划110亿元的183.61%，创历史新高。

他持续推动技术创新。他不断加强科研管理和技术研发工作，推动成立了全国首家气动列车研发中心，主持参与了我国同等类型最大直径盾构机——"拥江号"泥水平衡盾构机的研制工作。2021年，企业完成深化改革三年行动任务 135 项，获国家级管理创新成果 1 项，省部级创新成果 7 项；新增省部级科技创新平台 2 个；获省部级科技奖 25 项，股份公司实用技术奖 2 项，首届工程建设行业高推广价值专利奖 10 项；新增授权专利 317 项，专利总数达 1180 项。

实干

实干托起梦想，奋斗成就未来。"实干"是马海民"企业家精神"的核心要素。

他高度重视管理提升，坚持以项目"三基"管理为重点，完善项目体制机制，深入推进安全质量"管""监"责任落实，项目创誉创效能力不断提升。

马海民工作照

他着力打造专家团队，组建成立企业专家委员会，为解决企业管理痼疾和技术难题提供了充分支持。

他坚持履行党建责任，着力推动组织优势转化为施工生产战斗力，着力推动宣传工作优势转化为企业文化感召力，为企业攻坚克难提供了强大的精神动力。

他有效融合信息化技术手段强化项目施工管理，大力推广安全质量隐患排查，项目监管水平和履约能力大幅提升，信用评价排名始终位居前列。

同时，他大力推进"法治一局"建设，有力推动了依法合规治企进程。

卓越

企业家是永远追求最优、最强、最大、最好的人，这种追求不仅表现在数量和规模上，也表现在质量、品牌、效益和竞争力上。面对企业的改革和发展，马海民有自己清晰的管理思路。

第一，狠抓市场营销龙头工作，深化区域经营，完善坚持多元发展，稳健推进投融资业务，企业新签合同额实现稳步增长，在中国中铁系统位列三甲。

第二，致力推动海外事业发展，整合国内外资源，健全国际业务立体营销机构，海外经营"7+1"区域布局逐步完善，海外业务迅速发展。

第三，坚持完善制度体系建设，为进一步健全各司其职、各负其责、协调运转、有效制衡的现代企业治理结构提供了根本遵循。

第四，坚持以科学战略决策为先导，推动党委深度参与企业发展战略的规划制定，有效提升了企业应对经济新常态、商业新模式等市场考验的能力。

在他的领导下，2021年，中铁一局获鲁班奖2项、詹天佑奖3项、国家优质工程奖8项、省部级优质工程奖37项，大连地铁五号线海底隧道工程荣获第七届国际隧道协会"年度工程奖"，连续3年获交通部AA级评定，首获水利部AA级评定；连续6年获中国对外承包工程商会AAA级评价，继续保持中施企协AAA级评价，位列"陕西省百强企业"第8名。

担当

马海民是一位有情怀、有追求、敢于担当的企业家，在搞好经营的同时，他时刻想着对国家、对社会、对环境所承担的责任、义务，并努力做出贡献。

2020年4月20日下午，习近平总书记考察了中铁一局投资建设的金米村智能连栋木耳大棚、智慧农业示范园等项目，称赞柞水木耳是"小木耳，大产业"。2018年以来，中铁一局帮扶建设的柞水县金米园区智能大棚项目，项目建成后，带动130户贫困户积极参与木耳产业发展，户均增收4600元。

在推进实施银川都市圈城乡西线供水工程建设工程中，马海民作为项目推进工作领导小组组长，亲力亲为调配企业精兵强将和优质生产资源科学组织施工，结束了银川都市圈二百六十余万城乡居民饮用地下水的历史。

2021年，全国十四运召开之际，"全国劳动模范"马海民将第十四届全国运动会和残特奥会的火种传递到下一位火炬手手中。他在传递结束后表示："由我代表中国中铁一局24396名职工进行全运会火炬传递，我深感光荣！今后将和全局职工一起继续努力，建设更多的优质工程，回报家乡父老。"

2019~2022年，新冠肺炎疫情开始以来，中铁一局先后支援参建了武汉火神山医院、武汉国展中心方舱医院、武汉客厅方舱医院、长江新城方舱医院、西安"小汤山"卫生中心以及长春"方舱医院"等工程的建设，圆满完成数十次援建任务，交出优异的答卷。

此外，马海民积极组织企业员工主动参与台风、地震、洪涝等自然灾害的抢险救援工作，有效履行了央企的社会责任担当。

情怀

马海民不仅是一位精通管理的优秀企业家，他还精通音律、熟读四书五经。博大精深的中华文化、蕴含深意的历史典故在讲话中信手拈来，他用生动活泼的语言形式和悲天悯人的博大情怀传播思想，影响他人，管理企业，培养员工。

自担任党委书记、董事长以来，马海民纵深推进企业改革，逆势而上搏击市场，全力实施强基增效，2021年企业新签合同额超过2400亿元，完成营业收入1001.26亿元，首破千亿元大关。

马海民以卓越的领导才能、强烈的责任意识、一流的管理水平、非凡的人格魅力和平易近人的工作作风，彰显了大国工匠的责任担当，赢得了组织好评和员工的赞誉。

《孟子·离娄下》中曰："大人者，不失其赤子之心者也。"始终怀有赤子之心的马海民，正团结带领一局员工满怀豪情、奋勇拼搏，持续谱写着新时期中铁一局人拼搏奋斗的新传奇和最强音！

马海民简介

　　马海民，男，汉族，1962年11月生，陕西韩城人，中共党员，"全国劳动模范"，享受国务院政府特殊津贴专家。1986年7月毕业于兰州铁道学院，工作以来先后任铁一局电务处第二经理部见习生、技术室主任，电务处五公司副经理、六公司经理，电务处副处长、电务公司总经理，中铁一局副总经理、总经理；现任中铁一局集团有限公司党委书记、董事长，教授级高级工程师，博士学位。

　　2005年3月获全国优秀施工企业家；2010年3月获全国工程建设优秀高级职业经理人；2012年获全国优秀建造师荣誉；2017年获陕西省劳动模范、全国优秀施工企业家；2018年获全国建筑业设备管理创新"领军人物"；2019年获第八届陕西省优秀企业家；2020年获"全国劳动模范"、全国优秀企业家。2021年评为西安市国家级领军人才。

城轨施工技术领军人

——记中铁一局城轨公司副总经理　梁西军

2003年，他大学毕业后毅然选择建筑行业，扎根艰苦一线，专注地铁施工，参建了西安已开通全部线路。

2006年，他在我国首条湿陷性黄土地质地铁项目——西安地铁2号线试验段建设中，加强技术创新，助推项目施工，连续创下盾构掘进三项全国纪录，荣获"全球杰出工程"大奖。

2018年，他在中国中铁特级风险项目西安地铁4号线11标施工中，带领团队攻克世界性施工难题，成功穿越国铁站场道岔"咽喉区"，研究总结了一系列饱和软黄土地质条件下地铁施工的科研成果，填补了我国在该领域的

梁西军工作照（右四）

技术空白，荣获詹天佑奖和国家优质工程奖。

他先后荣获"全国五一劳动奖章""全国劳动模范"等荣誉称号，以他名字命名的"梁西军劳模创新工作室"荣获"全国工人先锋号"。

他就是中铁一局城轨公司副总经理梁西军。

一步一个台阶

2006年夏天，我国西北地区首条地铁西安2号线试验段开工，中铁一局争当西安地铁建设的"排头兵"。梁西军接受调派，成为"第一批吃螃蟹的人"。

以前干房建，如今转行地铁，刚到项目的他，脑子一片空白。怎么办？

半年内必须掌握地铁施工技术！梁西军暗暗给自己加压。白天跑现场，晚上伏案学习，翻教材、看图纸、查方案，遇到不懂之处他就请教领导、同事。不仅勤学理论，他还注重现场实践。一有时间就下盾构隧道跟班学习，四个月下来跟完一条掘进区间，熟练掌握了盾构施工工艺。

2007年，梁西军被提拔为2号线项目工程部长。从一名籍籍无名的技术员到管着二十多人的部门负责人，他心里有一丝忐忑。

一次，项目召开盾构接收前的交班会，项目总工出差在外，盾构队长半带挑衅半开玩笑地说："这个要技术交底呢，否则没法干。""矛头"直指梁西军。

不服输的他连夜组织测量组下现场，将盾构机的位置、接收洞门的位置等数据一一测清楚，做成详尽的交底方案，很谦逊地拿给盾构队长看，盾构队长颇为震惊，佩服地说：从来没见过这么细的技术交底。

后来，盾构接收时，管片离洞门切口的距离与交底预测的地方误差不到

10厘米。

2009年，梁西军调任1号线6标总工。他坚持每天三上工地，技术上独当一面的他，通过超前筹划，有力推动项目实现了全线车站封顶、盾构始发、区间贯通3个第一，项目获得全国AAA级安全文明标准化工地。

2011年，梁西军调到3号线试验段项目担任总工，第一次碰到地裂缝暗挖施工难题。盾构始发前要空推大截面暗挖段，暗挖段长65米、截面变化4次，最大截面跨度13米、高度9米，且盾构刚开始就要连续下穿5栋楼房。为此，梁西军积极开展技术攻关，深入调研西安暗挖施工项目，最后成功解决了这一难题，填补了技术空白。

干项目犹如闯关，梁西军就像一名竞技者，在地铁施工中一路摸爬滚打"过关斩将"，越闯越勇敢，不断锻炼成长。

初次"挂帅"攻坚

梁西军第一次独自"掌舵"的项目，是被列为中国中铁特级风险项目的西安地铁4号线11标。

11标两站两区间，全长不到5公里，却集中了全线近40%的重大风险，是名副其实的西安地铁"最难工程"，软黄土、地裂缝和文物保护三大难题全部遭遇。其中最难的则是双线530米长的火车站1期暗挖隧道施工，须下穿运营国铁火车站站场15股道和12组道岔，被业内称为"给心脏做手术"的"超级下穿"工程。

暗挖隧道覆土仅有10.5米，水位就在地下5米，开挖顶部有5米多厚的饱和软黄土，按常规要做降水处理，但饱和软黄土失水极易发生较大变形，进而导致地面沉降，影响铁路运营安全。

梁西军工作照

　　下穿铁路施工一般要对铁路股道预加固以确保安全。然而平均每隔六七分钟就有一趟列车经过，且股道密集，根本就没有时间和空间去架起股道。为了铁路运营安全，地面单日沉降不得大于1.5毫米/天，累计沉降不得大于15毫米，这在国内外尚无先例可循。

　　地下工程中对水的处理是难题。梁西军团队决定用全断面深孔注浆加固技术将隧道外扩两米范围内全部进行预加固，然后搭设超长大管棚，使隧道形成一个封闭的环，保证暗挖过程中它不会坍塌。

　　为了保证注浆顺利，梁西军在工地设了4个试验段，根据不同作业条件，不断调整注浆压力参数，指导施工作业稳步推进。同时他还调来28台自动测量机器人，布设3298个监测点，实时采集股道地面一丝一毫的变形数据。

　　越到关键时，考验越严苛。一向少雪的西安，那个冬天下了罕见的大雪，气温降到零下十几度。夜里，寒风刺骨，大雪纷飞，他们仍坚持守在道岔处监测。注浆作业如履薄冰，注一注，停一停，测一测，观察一阵……根据现场采集数据及时调整施工方案。

2018年2月5日，历时615天，火车站暗挖隧道双线终于贯通。这标志着成功攻克湿陷性黄土地层、轨道无加固条件下下穿运铁路站场这一世界级地铁施工难题。

"超级下穿"的创新

梁西军作为技术负责人开展的第一个科研项目是《西安黄土地层深基坑和盾构隧道关键技术研究》。

当时黄土地层土压平衡盾构机掘进和深基坑开挖在全国乃至全世界都是首次。黄土在没有水的情况下自立性和稳定性好，但遇到水之后则容易塌陷。黄土地层土压平衡盾构机掘进最主要的就是渣土改良和沉降控制。

为确保研究数据的准确性，梁西军带着技术人员跑现场，亲自跟踪渣土改良情况，做配比试验，经过一百多次大小试验、六十多次修改完善，终于掌握了黄土地层变化规律，形成了一套合理可行的施工方案。

按此方案，他们创造了盾构单班掘进14环成洞21米、单日掘进27环成洞40.5米、单月掘进485环成洞727.5米的三项全国新纪录。

地铁施工防水在西安乃至全国都是技术难题，加上西安特有的地裂缝地质灾害，解决该难题充满挑战。梁西军带队在1号线、2号线、3号线全面调研总结的基础上，开展多项试验，取得了《西安地铁工程防水技术研究》成果，为西安地铁后续施工提供了有益的参考。

创新路上永不停歇。自参建地铁工程起，梁西军始终以奔跑者的姿态驰骋在技术创新的"赛场上"，破解着施工中的一项项技术难题。

2015年6月，"梁西军劳模创新工作室"在4号线11标创建。他带领工作室人员瞄准施工难题，积极探索攻关，取得了《西安地铁地下工程关键技术的工艺工法研究》《饱和软黄土地层浅埋地铁暗挖车站下穿西安火车站施工关键技术》等重大成果。"下穿火车站"成果经专家评定为："填补了技术空白，达到国际领先水平"。

一花引来百花开。大连、厦门、青岛等重点地铁工程项目都相继建立了"梁西军劳模创新工作室"。劳模创新工作室自成立以来，共承担18个科研项目，获得发明专利9项，完成QC成果20项，新技术、新工艺应用12项，管理创新成果9项，累计创造经济效益近亿元。

奋斗不止的追梦人

生命的价值是什么？应该追求什么样的状态？回顾自己的成长工作经历，梁西军万千感慨。

18年来，他以工地为"家"，无暇顾及自己的妻儿。他的小家跟着一条条地铁线的工地搬了近十次，每一次都是妻子侯慧萍独自张罗；儿子、女儿出生都是委托给月子中心去照顾，他没有亲自为妻子烹过一碗汤，为孩子洗过一次尿布。满怀的愧疚只能用心去弥补，他悄悄攒钱买了一枚戒指，慰藉妻子与自己相知相伴的一片真情。儿子快7岁时，他带全家人一起补拍了婚纱照，无声地表白自己对妻儿对家庭的满怀真爱。

为支持梁西军的工作，侯慧萍辞掉自己的工作，独自撑起了家庭里外的事情。她常说："我们都把自己的事情做好。小家过好了，我们的国家才会更好；国家好了，我们的小日子才会越来越红火！"他们家庭被授予全国"最美家庭"和"五好家庭"荣誉称号。

"地是不会亏人的，出多少力，长多少庄稼……"朴实无华的话语，诠释着梁西军对地铁事业的执着追求和责任担当。

2020年11月，在北京人民大会堂举行的全国劳动模范和先进工作者表彰大会上，梁西军被评为"全国劳动模范"。他用十多年如一日的坚守和精益求精的"工匠精神"，抒写了无愧时代的壮美答卷。

梁西军简介

梁西军，男，汉族，1979年9月生，中共党员，陕西西安人，大学本科学历，教授级高级工程师，轨道交通工程专家，现任中铁一局城轨公司副总经理。

工作以来，梁西军先后参加了国内外二十多个城市的地铁施工和技术研究工作，攻克了多项世界级施工难题，填补了行业技术空白，累计创造效益近亿元。参建工程累计荣获"全球杰出工程"大奖、詹天佑奖、国家优质工程奖等荣誉三十多项。取得国家专利、科研成果19项。个人被授予"全国劳动模范""全国五一劳动奖章""陕西青年五四奖章"、陕西省首批"守信激励青年"等荣誉；"梁西军劳模创新工作室"获评"全国工人先锋号"；梁西军家庭荣获全国"最美家庭"和全国"五好家庭"。

海滩上的种花人

——记中铁二局党委副书记、工会主席　张文杰

　　"海滩上，一个小孩穿着草鞋，右手提着一枝花，使劲把它往沙里栽；左手提着一把浇花的水壶，壶里的水一滴一滴地往下掉着。不远处，大海里翻滚着波澜。"徐志摩《海滩上种花》里的文字闪现着画面感。读着这样的句子，不由想起那些爱企如家、为企担当的实干者。

　　熟悉张文杰的人都会对他的网名"海滩上种花"感兴趣。"这源于徐志摩的同名散文，在我们看来海砂里种花的小孩是傻气，但只要那花在地上站直了他就欢喜，他就乐，他就会跳他的跳，唱他的唱，来赞美这美丽的生命。"张文杰说，"我就是海滩上的那个种花人，希望尽最大努力实现企业的梦想。"

　　今天，我们就走近这位"种花人"——全国优秀党务工作者，中国中铁卓越人物，中铁二局党委副书记、工会主席张文杰。

铁腕治企：变长期巨额亏损企业为"跨越型"企业

　　2006年初夏，35岁的张文杰从二局集团调任为二局四公司党委书记，这时二局四公司是二局出了名的"困难户"：债台高筑，官司缠身，项目亏损面达50%以上，职工士气低落，人心涣散……张文杰进行反复调研后，

说道："我刚到四公司时，发现企业亏损4亿多元，很多项目亏损百分之二三十，主要原因还是效益流失。"

很多人疑惑不解：有那么多好单位不去，怎么偏偏到四公司呢？张文杰说："这是组织对我的信任，既然来了，就要把工作干好！"

面对项目亏损面普遍较大的境况，张文杰坚持每年两百多天深入现场调研，发现问题并解决问题。短短几年时间，在他的带领下，四公司不但清偿了全部债务，并且承揽任务近100亿元，年均完成施工产值近50亿元，企业发展日趋向好：2008年，偿还了多年拖欠职工的六千八百多万元；2009年，全面实现扭亏为盈；2010年，承揽任务68.94亿元，完成产值36.65亿元，双双刷新历史纪录，获评"中国中铁扭亏减困十佳企业""中国中铁三级工程公司20强"。2012年，因成绩突出，40岁刚出头的张文杰调任集团工会主席，成为当时二局最年轻的局级领导干部。

大胆创新：探索建立"党政会签"党建工作新机制

2006年，张文杰调研发现，各项目经理在资金管理上完全是"一支笔"，超拨、超验、虚假验工等项目管理漏洞层出不穷，没有一个项目例外。

经深入研究，张文杰在二局率先提出"党政会签"工作思路，即各个项目部的重大事项必须有项目经理和项目书记的共同签字才能生效执行。

同时，张文杰着力构建"大政工"格局：严格实行项目书记专职制，在每个项目均设置专职党组织书记，与项目经理待遇、考核、地位一致，利益同享，风险共担，推行党政领导交叉任职制，使项目党政领导在工作思路和落实上真正换位思考，优势互补，以此共创项目良好工作局面。

初期新政策的施行阻力很大，遭到了少数班子成员的质疑和部分项目经

张文杰工作照

理的抵制。张文杰顶住压力，首先选择京哈项目进行试点，最终项目扭亏为盈实现利润219万元。京哈项目的成功试点引起了极大反响，2006年11月，"党政会签"制度在四公司全面推开。2008年，张文杰牵头对四公司各项管理规定进行全面梳理、完善，为了更具有操作性，这些规定被精编成12本"口袋书"下发到各个项目部，项目上可能遇到的种种问题大多能按图索骥找到操作规程和解决方法，至此，四公司基层项目党建思想政治工作不断向标准化、制度化和规范化方向迈进。

在行之有效的"党政会签"制度引领下，张文杰任期内，四公司在建项目除了政策性亏损以外，正常项目无一亏损，有效堵住了企业效益流失的漏洞，也让四公司从一个"即将掉队"的亏损单位，迅速发展为二局子企业"排头兵"。

突出党政共同负责、监督制约及时、强化项目自我监控这一制度后被中国中铁在系统内推广运用，2010年获评中组部基层党建创新工作优秀典型案例。建党90周年之际，张文杰被党中央授予"全国优秀党务工作者"称号；

2012年被国资委评为2009～2011年度中央企业优秀思想政治工作者；2019年获颁"中华人民共和国成立70周年纪念章"。

共铸梦想：做实关爱职工"十个一工程"

"项目上一直都是好几个人住一间房""休息休假从来没着落""工地上连娱乐设施都没有""工作压力太大"，在四公司工作期间，张文杰常常听到项目职工的抱怨。经过调研，张文杰发现，这些是建筑行业职工的共性问题不只存在于哪一家单位。虽然很复杂，但应该能从根本上解决。

2012年，新中铁二局党委常委、工会主席张文杰带队开展大调研，提出了实施关爱职工"十个一工程"的工作思路，旨在保障职工生命权、居住权、休息休假权等。之后，张文杰先后深入北京、江苏、浙江等35个基层

张文杰工作照

项目，广泛倾听一线职工呼声，详细掌握了施工生产、项目管理和职工生产生活等方面的情况。

服务企业，服务职工，提升企业发展质量，提升职工幸福指数是企业向好的题中之义。2013年，张文杰以"大调研"中掌握的第一手资料为基础，分别组织召开两次专题研讨会，进一步完善了"十个一工程"实施方案及相关配套管理办法。同年5月，在花果园项目召开现场会，全面启动中铁二局关爱职工"十个一工程"，有效保障了职工需求，鼓舞了职工干劲。

2017年，在全国总工会、全国铁路总工会、中国中铁、四川省总工会的大力支持下，中铁二局成功承办了国有企业关爱员工主题论坛暨"十个一工程"五年成果发布会。同年，中国中铁将"十个一工程"在全系统内推广，成为惠及百万职民工的中国中铁品牌。

最美逆行：争当抗震救灾和抗疫抢险先锋

"我是党员，必然要第一个冲在前面。"2008年汶川地震发生后，张文杰第一时间带领四公司抢险队抢通从都江堰到震中映秀的213生命通道及寿江大桥咽喉通道，为国家后续救援提供了坚强保障。张文杰用实际行动践行了铮铮誓言，获评中国中铁"抗震救灾先进个人"。

2022年3月，新一轮新冠疫情阻击战再次在中华大地上打响。中铁二局迅速响应党中央、国务院和国资委号召，在中国中铁部署下承担起长春市抗疫用房建设的紧急任务。

面对突发的紧急情况，张文杰再次主动挑起靠前指挥的重担，带队24小时内火速赶赴长春。

在吉林封省封城的情况下，张文杰迅速建立六大运转机制，突破常规，有序推进各项工作。张文杰把丰富的抗震救灾和应急救援经验带到了长春："应急救援项目主要特点就是'急难险重'，既要高效组织、又要严守标准，在抢建施工过程中，每一个环节都不能出一丝一毫的差错。"在张文杰的指挥下，援建团队有了主心骨，顶着零下十几度的大雪寒冻，与近在咫尺的新冠肺炎病毒赛跑，中铁二局在中国中铁19家参建单位中实现进场第一、资源到位第一、现场预拼装第一，提前24小时完成全部建设任务，再一次创造了开路先锋召之即来、来之能战、战之必胜的"二局速度"。

海滩种花：只要敢于坚持　一切都会向好

不管是当初临危受命，毅然奔赴深陷困境的四公司，还是面对看不清路的迷茫职工，抑或是冒着生命危险义无反顾的最美逆行……在这些被常人认为徒劳无功遗弃的"海滩"上，张文杰都亲手"种"下了一朵朵璀璨绚烂的"希望之花"。

数十年如一日，张文杰用真诚、纯洁之"水"辛勤浇灌，终于迎来了"春暖花开"：让四公司一举扭亏为盈，为高质量发展打下坚实基础；关爱职工"十个一工程"让广大职民工居有定所、归有期盼、心有所寄；率先打通汶川生命通道，带头奔赴疫情前线建成一座座方舱医院，托起无数人的生命之舟……

海滩上种花，有梦者胜。张文杰说："我最大的梦就是尽自己所能，使职工的生活越来越富裕，企业变得越来越幸福；当国家有需要的时候，我必挺身而出，勇往直前。"

奋斗常在，梦想继续。张文杰用自己的行动，在企业改革发展的"海滩"上留下了一个又一个脚印，种下了一朵又一朵强企富工的鲜花，践行着一位党员的初心和使命。

张文杰简介

张文杰，男，汉族，1970年9月出生，中共党员，四川营山人，高级经济师，1994年四川师范学院中文专业本科毕业，2003年西南交通大学工商管理专业研究生班毕业，历任二局四处见习生、二局办公室秘书，二局内昆指挥部办公室副主任、主任，二局办公室主任秘书、党委干部部、人力资源部副部长，二局四公司党委书记、副董事长，中铁二局党委常委、工会主席等职务，现任中铁二局党委副书记、工会主席，中华全国铁路总工会执委，中国工会十六大代表。

2008年获中国中铁"抗震救灾先进个人"称号，2011年被党中央授予"全国优秀党务工作者"荣誉称号，2012年被国务院国资委评为2009～2011年度中央企业优秀思想政治工作者，2019年获颁"中华人民共和国成立70周年纪念章"。

丝路十载尽朝晖

——记中铁二局六公司副总经理 徐州

夜幕缓缓降临，夕阳沉进了地平线。世界华灯初上，流光溢彩的夜景分外迷人，熙攘的人群，热闹的商店，宽阔的道路上川流不息。不远处楼宇之间，橘色灯光慵懒地泛出窗外，万家灯火汇聚点亮半面天穹，温馨且和谐。

徐州与妻子女儿围坐在餐桌前，享用着爱人的手艺。一旁炉火之上，盛满爱意的浓汤在锅中轻轻翻滚，腾出丝丝热气。8年时间里，这是徐州第一次如此心安地和妻女共进晚餐，一家人脸上洋溢着幸福的笑容。

温馨且稀松平常的生活一瞥，很难想象这会是徐州过去近十载时光中莫大的奢求。

家国之间：毅然舍小为大

缓步走进徐州的办公室，堆积成山的施工书籍被一丝不苟地码放在办公桌和书架上。"中国青年五四奖章""全国五一劳动奖章""全国十大最美职工"……一眼望去，一个个晶莹剔透的奖杯和泛着金光的奖牌，诉说着徐州这位劳动模范一路走来日渐耀眼的荣光，一连串沉甸甸的荣誉更是映照出了一位平凡中国建设者背后不平凡的故事。

徐州工作照

　　2012年6月，刚刚结束钦州制梁场项目建设工作的徐州受命远赴埃塞俄比亚，参与亚吉铁路的修建。来不及休息，甚至来不及和爱人度过一小段温情时光，他背上行囊告别妻子满含不舍与担忧的眼眸，就此踏上去往非洲的征程。他明白，这一别又不知何时才能与心爱之人相见。

　　作为朋友眼中的"工作狂人"，尽管带着对家的留恋与不舍，但徐州在落地埃塞俄比亚后就马不停蹄地开始了工作。"徐公血中流两物，半腔生活半腔路"，同事的一句玩笑话却是他本人真实的写照。筑路与生活琐碎，共同构成了这样一位中国工程师。"我爱我的国家，我的事业，当然我也爱我的家庭，我的妻子。"一次交谈中徐州一字一句地说道，"家业难两全。可我没办法在大家需要我的时候，只顾着自己。"

　　面对飘扬的五星红旗，背后是家的方向。他毅然向前，不敢也不能回头。

　　亚吉铁路的建设工作一干就是五年，其间徐州鲜有回家的空闲，满打满算在家不超过一个月，这让他两度推迟婚期。知书达理的妻子理解他身处注定吃苦奉献的建设行业，选择了做他最坚实的后盾，也孕有他们爱情的结晶。在临盆之际，徐州怀着满心愧疚与不舍，再次登上了飞往埃塞俄比亚的航班。"你放心地去非洲，这里还有我呢。"妻子没有半点责怪的意思，"孩子出生后我会告诉她，爸爸正在建设很大很大的工程，你是我们的骄傲。"

2016年10月亚吉铁路开通，徐州稍作休整，转而投身中南半岛参与中老铁路修建。几载春华秋实间，襁褓中的女儿日渐长大，身为父亲的徐州却没能陪伴在她左右。几次女儿在对话中急切地想和爸爸见面，却因为网络原因不能视频。电话那头没了声音，妻子接过来告诉他，女儿躲在一边哭了。这个在建设道路上"无所不能"的男人，此刻双眼噙泪，略显无助。徐州顿了顿，清了清嗓子大声对电话说："乖，爸爸修完这里，马上就回来看你。"

徐州工作照

"徐公血中流两物，半腔生活半腔路"。何止半腔，在这些葱郁的岁月里，建设，就是他的全部。徐州的妻子以"大爱"支撑着他在外奔波的数年，他们的家庭也获得了四川省"最美职工家庭"和中国中铁第二届"十大最美家庭"荣誉称号，谱写了一首"海外筑路家庭"的铿锵之歌。

出征埃塞俄比亚：只见一路放歌

2012年，为积极响应习近平总书记"一带一路"倡议，筑梦"一带一路"的重大工程建设，传承"坦赞铁路精神"，徐州阔别亲人、家乡，背上行囊奔赴非洲高原，参建东非第一条电气化铁路——亚（埃塞俄比亚）吉（吉布提）铁路。出发前，徐州已在内心做好了充分的心理建设。他意识到在海外工作最大的不同并非是语言壁垒和极大的资源统筹难度，更在于自身的言行举止和项目的推进情况都关乎国家形象。在此背景下，徐州和家人更是聚少离多。

"国家国家，有国方有家。"数年后徐州谈及在家、国的选择时依旧很坚定。

然而在落地埃塞俄比亚高原，准备推进工程时，实际情况却给了徐州一个"下马威"。建设地层以火山爆发形成的火山岩、次生岩为主，加之设备紧缺，甚至连一个小小的钉锤都要依赖进口。路基填筑原材料匮乏和设备问题一度使得项目建设刚刚起步就陷入僵局，场面十分被动。徐州经过思索，以项目技术负责人身份牵头组建专项工作室，针对重难点研究就地取材、因地制宜化被动为主动。他带领工作室成员每日徒步十余公里沿途寻找、采集土样，经过上千次反复的配比试验，"火山渣用于路基填筑""天然火山角砾用于铁路低渣施工"两大课题终于取得了关键性的突破，成功将火山岩变废为宝，解决了填料匮乏这只"拦路虎"。消息不胫而走，徐州的技术被四处推广，在亚吉铁路建设中声名鹊起。

随后由徐州名字命名的工作室搭建了中非青年技术交流平台，被冠以四川省第三批"劳模创新工作室"、中国中铁首批"劳模创新工作室"及四川省"十佳劳模创新工作室"等称号。随着工程高质快速地推进，徐州的技术为建设过程节约了逾2000万元的巨额成本，同时拓展了埃塞俄比亚当地日后的建设发展资源。"中国智慧"在非洲大地创造了丰硕效益。

2016年10月亚吉铁路正式建成通车，《焦点访谈》《华人世界》两家央视平台将镜头对准徐州，称其为"'新时期坦赞铁路'上的中国工程师"。面对镜头，徐州的言语铿锵有力，眼神坚毅一如刚到非洲时的踌躇满志，只是眉宇间多了几分不经意间悄然挂上的岁月沉淀。

转战老挝：传奇续写不辍

2017年5月徐州临危受命，转战老挝，投身中老铁路建设，续写"中国工程"海外新篇，奏响"一带一路"于中南半岛的赞歌。

中老铁路是老挝的"一号工程"，承载着"一带一路"寄予东南亚的美好愿景和老挝人民的发展梦想。中老铁路由中国按国铁I级标准建设，是第一条以中方为主投资建设、共同运营并与中国铁路网直接联通的跨国铁路。它将成为打通中、老两国间经济交流和友好往来的重要渠道，促进共赢局面，建设刻不容缓。徐州参建的标段距老挝首都万象市仅有30公里，是"一带一路"沿线国家的重点关注对象。借此一展大国风貌，体现中国铁路综合实力的良机，徐州立刻带领团队向老挝雨季施工难题发起了攻坚。

老挝气候条件特殊，不同于国内四季轮转，老挝仅分旱、雨两季，同时雨季时常暴雨不分昼夜，这为现场施工带来了不小的麻烦。当地以砂卵石为主，地下水位较高，钻孔桩需要泥浆护壁。泥浆浓度太低容易塌孔，浓度太大又容易断桩，当地找不到合适的土壤，生产无法推进。凭借多年经验和精准的定位，徐州瞄准"泥浆护孔"这一关键环节，翻山越岭，在我国秦岭以南找到了契合老挝特殊气候环境的优质膨润土，历经数百次反复试验和迭代优化，成功托举起老挝境彼时最长桥梁——楠科内河特大桥所有桥墩。徐州又一次成功在异国他乡攻坚克难，寻找到了解决老挝雨季施工难题的"中国答案"，创造又一个建设之路上的"中国奇迹"。

膨润土研究取得巨大成功后，徐州丝毫未慢下脚步。他很早就认识到确保中老铁路优质高效地达到通车条件是一项政治使命，是大国放眼国际书写华章的重要一步。现场管理时他采取"人停机不停""5+2""白加黑"的方式统筹施工，带领技术人员12小时一岗轮班坚守，取得了12天建成3#钢筋场、一个月建成中老铁路"两馆一厅"、打造出万象北站及楠科内河特大桥两个标准化示范段和单月产值8015万元的优异成绩。

2018年7月，距离中老铁路570公里的阿速坡省水电站发生溃坝，当地民众逾6000人受灾，损失财产不计其数。徐州听闻迅速组建抢险救援队携带物资奔赴灾区，第一时间加入到灾后重建的队伍中。在机械设备匮乏的情况下，创下仅45天建成一座永久桥梁的又一奇迹。作为灾后重建的唯一通道，其建成保障了后续重要资源供给途径，展现了大国建设者的无私风貌和"中国担当"，被老挝居民亲切地称为"友谊之桥"。

徐州简介

徐州，男，汉族，1983年1月出生，中共党员，四川遂宁射洪县人，毕业于西南交通大学土木工程专业。自2005年参加工作以来，徐州先后投身于广珠第二项目、钦州制梁场、非洲亚吉铁路、老挝中老铁路、昭西高速等项目建设工作，并于2021年3月出任中铁二局第六工程有限公司副总经理一职。

异国他乡的8年时间里，徐州造就了"亚吉铁路逾2000万元成本节省""阿速坡救援45天修筑永久桥梁打通生命道"等"中国奇迹"。徐州也因此荣获全国十大"最美职工""全国劳动模范""全国五一劳动奖章""中国青年五四奖章"等个人殊荣并被国内多家央媒称作"'新时期坦赞铁路'上的中国工程师"。此外，他还带领项目获老挝最高荣誉"老挝发展勋章"和"总理嘉奖令"。

胸怀大局志高远　心底无私天地宽

——记中铁六局原党委副书记、工会主席　黄新宇

2004年，黄新宇开始从事工会工作，转眼已过去十八年。十八年间，他先后在中铁十局、中铁六局担任工会主席，始终坚持以"推动企业发展是对职工长远利益最好的维护"作为工会工作的落脚点和出发点，带领工会组织和广大职工为所能为、为所应为、大有作为，凝聚群众力量和集体智慧，为推动企业发展做出了突出贡献；他始终把职工冷暖放在心头，殚精竭虑服务职工，让广大职工感受到了"娘家人"的温暖。黄新宇先后荣获山东省富民兴鲁劳动奖章、全国优秀工会工作者和"全国劳动模范"等荣誉称号，先后当选为中国工会十六大代表、北京市工会十四大代表。

守土有责，打赢安全生产的"人民战争"

黄新宇说，企业关心的、职工需要的，正是工会工作应当聚焦发力的。在建筑施工企业，企业关心安全质量、职工需要安全保障、家属关心人身安全，安全生产牵动着企业和职工最敏感的神经。对于安全生产，黄新宇要求各级工会组织必须站在全局的角度考虑问题，充分发挥工会组织群众工作优势，依靠群众，发动群众，打一场安全生产的"人民战争"。

经过多年的探索实践，黄新宇带领工会组织逐步建立了以"一个规程、

两个延伸、三个载体、五个纳入、五大件五块牌"为主要内容的"12355"群众安全生产监督工作制度体系，系统地解决了群众安全生产监督员干什么、怎么干、干成什么样的问题。

"群起则安之，防患于未然"。为了进一步调动和发挥广大职工"抓安全、保安全"的积极性，黄新宇提出将群众安全生产监督工作纳入企业安全生产管理体系中，建立了项目经理、分管安全生产的副经理（安全总监）、安质部长、专职安全员和群众安全生产监督员"五位一体"的项目部安全管理模式，将安全生产监督责任延伸到项目一线，将监督权交到职工群众的手中，使项目安全生产管理实现了全方位、全天候、全覆盖，让群众安全生产监督工作和群众安全生产监督员真正成为了安全生产的一道坚固防线。

事实证明，群安员在一线的安全工作中发挥着不可替代的重要作用。一天夜里23点左右，在中铁十局西北公司昆明铁路病害整治项目工地上，熟睡的群安员尹宇坤被瓢泼大雨声吵醒，细听雨声中夹杂着大石块撞击山体发出的隆隆声。出于群安工作警惕性，他很快做出准确的判断——泥石流。

尹宇坤一面急切地用对讲机向驻站联络员汇报情况，一面快步跑进工棚快速摇醒熟睡的22名劳务工。大家撤离后不到10分钟，大量泥沙树枝、石块从山上汹涌而下，工棚瞬间被吞没。一位时刻紧绷安全弦的群安员拯救了22位农民工兄弟的生命。

现今，群众安全生产监督工作通过不断深化，已成为一个响亮的工会工作品牌，广大群安员活跃在各个项目施工现场，时刻把安全生产放在心上、挂在嘴上、抓在手上、落实在行动上，正如黄新宇所说，"群众安全生产监督员已经成为了生产一线名副其实的'安全卫士'，时时刻刻守护着施工生产安全和工友生命安全。"

以人为本，凝聚企业发展的团结伟力

"职工是企业发展无形但最根本的资产保障，应该用心经营，而企业的长足发展是这一资产保值增值的唯一途径。"这是黄新宇对企业与职工关系的理解。"既要积极动员职工爱岗敬业，促进企业发展，又要维护职工合法权益，实实在在为职工办事。"

只有具备主人翁意识的职工才能团结一心推动企业发展。若要让职工群众真正成为企业的主人，发挥主力军作用，就必须切实保障职工的知情权、参与权、表达权和监督权。可怎样才能真正保障职工的民主权益呢？黄新宇把目光放在了职代会上。"我们绝不让职代会流于形式，我们要让职工大会真正惠及全体职工。"

为此，黄新宇组织制定了职代会"星级"评选办法，统一开展"五抓五实现"活动，明确了"抓建制、实现全面覆盖，抓内容、实现范围拓展，抓过程、实现全程监督，抓测评、实现公正公平，抓运用、实现全面落实"五项措施建设，保证了各级职代会建设规范发展，赋予职工充分的话语权，让职工实实在在地参与到企业的民主管理当中。

目前，集团公司、子分公司、项目部三级职代会体系规范实施、运转流畅，各级职代会建制率达到100%，职代会职权不断深化落实，进一步密切了干群关系，增强了凝聚力，形成了共谱一首曲、共唱一首歌、共演一台戏的良好局面。

精心育人，创新工会干部的培养模式

工会工作是否有效开展，关键在于工会干部。黄新宇根据企业党委关于干部队伍建设的整体部署，结合基层工会工作实际，积极探索出一条组织选拔与公开招聘相结合、组织考察与群众认可相结合，为项目部选配专职见习工会主席的新路子，开辟了工会干部培养的新模式。

在推行项目部专职见习工会主席制度过程中，黄新宇十分重视对青年干部的培养。蔡大伟就是经过项目部见习工会主席的历练迅速成长起来的，谈到那段经历他印象深刻。担任项目部见习工会主席时他只有26岁，因为年轻，刚上任时受到一些质疑，"二十多岁的毛头小伙儿，连自己都照顾不好，怎么能当好工会主席呢？"但项目部党支部书记却给了他很大支持："别担心，大胆干，有不懂不会的我教你。"除了项目部党支部书记外，公司还有党群干部的"一对一"帮扶机制，这让年轻的项目部见习工会主席蔡大伟有了"老师+后盾"。"有人浇灌有人扶，我们就不是荒野里土生土长的小苗了。"见习工会主席制度为青年干部们搭建了很好的锻炼和展示才干的平台，让他们对干好工会工作充满信心，对未来成长充满希望。黄新宇说："推行项目部见习工会主席制度，夯实了项目部工会工作的基础，也为年轻人搭建一个宽阔的成长平台。通过给政策、压担子，促使一线项目部亮出工会组织的牌子、亮出工会主席身份，建好职工之家，当好职工'娘家人、贴心人'，使工地的工会工作不再若有若无。"

2014年，项目部见习工会主席的探索实践被中华铁路总工会评为"全国铁路基层工会特色工作品牌"，并被全国总工会评为"2014年度工会基层组织建设创新成果优秀奖"。

用情服务，建设职工满意的"幸福之家"

"关爱每一个群体，关怀每一名职工，关切每一项权益，关心每一种需求，让广大职工广受惠、普受惠、长受惠。"这是黄新宇开展工会工作的理念。2017年，黄新宇调任中铁六局工会主席，到任后第一件大事就是全面推进实施项目部"幸福之家十个一工程"相关工作。

黄新宇工作照（右一）

　　在不到半年时间里，黄新宇先后深入北京地铁17号线16标项目部、京张高铁工程项目部、蒙华铁路项目部等十余个一线项目部开展调查研究，面对面了解职工群众所思所想所盼。调研结束后，黄新宇紧密结合一线的实际情况提出了"坚持五项原则、做好四化行动、务求四心实效"实施项目部"幸福之家十个一工程"的总体思路，同时强调"硬件达标、软件高标"的建设理念，注重通过加大"幸福之家"建设的情感投入，加强对一线职工的人文关怀。他坚持推行"抓两头、促中间"的工作方法，在评选命名表彰"幸福之家"建设标杆项目部、示范点项目部的同时，遴选存在相对困难的项目部给予重点帮扶，连续3年在一线项目部组织召开推进会，强力推动项目部"幸福之家"建设纵深发展。经过3年多的努力，"幸福之家十个一工程"基本实现了集团公司工程项目全覆盖，一线职工群众工作生活环境普遍得到改善。项目部"幸福之家"建设成为中铁六局工会工作的一个响亮的品牌，2018年5月在北京市总工会职工之家建设推进会上做了经验交流。

　　黄新宇始终坚信，广泛凝聚发展共识，激发职工主动精神，投身改革创新，推动企业转型升级，工会组织责无旁贷，工会干部大有可为。在他的带领下，各级工会干部用辛勤付出换来了职工群众的幸福感，成为职工群众最信赖的"娘家人""贴心人"，凝聚起广大职工的智慧和力量，为企业高质量发展做出了积极贡献。

黄新宇简介

黄新宇，男，汉族，1961年7月生，山东莱阳人，1983年8月参加工作，1985年4月加入中国共产党，大学本科学历，毕业于西南交通大学工程机械专业，获得工学、管理学学士学位，高级工程师、高级政工师，于2021年9月退休。

黄新宇同志在职38年，先后在生产一线和机关部门工作，经历了多岗位历练，熟悉公司治理、党务管理、行政管理、经济管理、人事、团委、宣传等工作，经验丰富，具备复合型能力素质。近年来在工会主席岗位上致力于群众安全生产监督、民主管理、职工队伍建设等，积极构建企业和谐劳动关系，为推动企业高质量发展，打造职工高品质生活做出了重大贡献。先后获得山东省富民兴鲁劳动奖章、全国优秀工会工作者、"全国劳动模范"等荣誉。

从普通到"卓越"的先锋配方

——记中铁八局昆明公司副总经理　李永山

项目建设的"顶梁柱"、铁面无私的"拼命三郎"、项目团队的"领头羊"、让人生"畏"又尊崇的项目管理者……诸多的词汇堆砌在一起,让我们不禁好奇这是何许人也。

李永山是一位身材不算高大、头发花白、面庞黝黑但眼神坚毅的"普通"却又"特别"的工程建设者。普通,是因为他只是一个农民的儿子,读书、工作,一切似乎都毫无波澜;特别,是因为他从一名技术员逐渐成长为工程部长、副经理、项目总工、项目经理,最后更是担任了公司副总经理,云南省煤炭电力化工工会副主席,获得了云南省劳动模范、"全国劳动模范"等荣誉,担负了中铁八局昆明公司参建的中老铁路、滇中引水等重点工程的总指挥,足迹遍布国内外。在这个过程中,一只行李箱成了他最好的陪伴,黑夜、白天对他来说,似乎没有明确的界限。

求索无止境

1994年秋,怀揣着对未来的美好憧憬,李永山来到了中铁八局昆明公司,参与的第一个项目是成昆铁路电气化改造,区域内地形地质条件复杂、既有铁路空间狭窄,给施工带来巨大的困难。初出茅庐的他,独自一人带着四五十个农民工负责一个四等小站——青杠站的电气化改造施工。工程虽然不算复杂，但要将书本的知识转化为实际工作能力还真不简单，没有"度娘"的年代，他只有不断翻阅自己的相关专业书籍，反复琢磨，反复试验。清风明月的夜晚，成了他学习的最佳课堂，也给他带来了求索的快乐和小小的成就感，养成了日后他勤于学习思考的"钻劲"，磨砺了不畏艰险的"韧劲"。

工程人的步伐总是不会停歇，随着涉及领域和地域越来越广，他深切地感受到了知识和能力的欠缺。不甘落后、不愿服输的劲头又上来了，白天工地上奔来跑去，晚上回到宿舍挑灯夜读，领导、同事、农民工师傅都是他的老师。2012年，他顺利完成了重庆大学建筑工程专科和西南交通大学的土木工程本科学业。同时，他还运用所学到的知识，解决了生产上的一个又一个疑难问题，专业技术能力得到了飞速的提升。

"喊破嗓子，不如干出样子"。在哈尔滨地铁一号线和沈阳地铁九号线施工时，面对零下二十几度的极寒天气挑战和地铁控制网点处于繁华街道的巨大干扰，他带领习惯了"四季如春"的同事们迎难而上，顶着刺骨的寒风，

李永山工作照

李永山工作照（左二）

每天凌晨三点便开始工作，战胜了身体的极限，也奉献了优质的工程，拓展了东北区域市场。

他常对身边的人说，干工作必须竭尽全力，不能抱着"还过得去"的侥幸心理，过得去往往会造成过不去的结果。他这样说，也是这样做。每天除了对施工现场的日常巡查，他还抽出时间来研究图纸、比对施工方案、思考项目管理。夜深人静了，他的办公室还常常灯火通明。

严苛锻高徒

"钢筋保护层厚度不合格会影响隧道使用年限，这不仅是工程质量问题，还是职业道德的问题！"曾在哈尔滨地铁项目的员工回忆起当时的场面仍然记忆犹新，"当时他发火的样子真的很'吓人'，嗓门大，脸也更黑了，但对大家的触动也是非常深刻的"。

"这是怎么回事，怎么没照计划执行，你解释一下""你们每天去几趟工地？裤子、鞋子连泥都不沾一点，在办公室遥控指挥，这样能把工程干好吗？要保持形象就回家待着去！"对着项目部的一班管理人员，李永山再度黑了脸。

他特别不喜欢繁琐和"花架子"，干什么都喜欢直入主题，眼睛里揉不得沙子，发现问题就立马指出，立马要求落实。每天的晨会没有铺垫，直入主题。除了认真听，他还会仔细记下重点，给出指导意见，会议从不会无果而终。久而久之，大家都习惯了他的工作作风，养成了说重点、谈思路、重细节、强落实的习惯。

团队就是战斗力。他把团队看得"顶顶重要"，坚信"授人以鱼，不如授人以渔"。每干一个项目，他都着力创新创效，引导团队成员自己去分析问题、提出方案再共同研讨、尝试，经过一系列观念的碰撞，在实践中不断成长。结合玉楚项目实际开创性提出"项目工班化管理"的项目承包思路，既锻炼了员工，使工程的质量、安全、进度得到有效管控，又降低了人机费约20%，提高了效益。在桃花村物流基地项目"李永山劳模创新工作室"开展诸如"提高预埋螺栓的合格率""通过使用冲击式压路机提高回填土的压实效果""配合比优化"等十余项课题研究，创效500万元。

与他共事过的员工，都认为他是一个自带光环的人，有工作上的铁面无私，也有工作之余的温情关爱。新员工到岗，再忙都会抽时间去沟通交流，主动询问工作和生活情况，帮助他们解决遇到的困难；工地抢进度，他叮嘱办公室把伙食搞好，将夜宵送到工点；只要有空，餐盘边与员工"拉家常"总是充满了欢声笑语、充溢了家的温情。而忙起来的时候，两顿饭并一顿吃也是他的常态。"问题解决了吃起饭来才有味道嘛！"他总是这样笑言。

俗话说"严师出高徒"。任职项目负责人的13年里，他为公司培养、输送了6名项目经理、3名总工程师、无数优秀技术骨干。他参与了昆明市东三环路、贵阳铁路枢纽、沈阳地铁、哈尔滨地铁、玉楚高速公路、云南省滇中引水工程等国家、省市重点工程项目的建设，参建项目获得多项国家级、省级优质工程，安全标准化示范工程等荣誉。

奉献谱华章

都说"男儿有泪不轻弹"。在东北的六年，李永山远离家人，每天仅靠一个电话联系，节假日几乎不休，老人生病无法床前尽孝，爱人遇到困难独自解决，也错过了儿子成长的关键时期。2015年底，由于父亲癌症晚期，李永山回到惜别已久的家乡——云南昆明，承担桃花村物流基地改扩建工程，但彼时也恰是工程的紧要关头。白天奔波在工地处理各种事务，夜晚则到医院照看父亲，尽管身心疲惫，却从未因此耽误工作。可是祸不单行，原本健康的母亲突因车祸于2016年7月去世，同年12月父亲也撒手人寰。"子欲养而亲不待"的巨大悲痛让他数度哽噎，华发猛增。但他将悲痛化作了更大的奋进力量，带领团队圆满完成施工任务并在各类评比中名列前茅，他也成为了专啃"硬骨头"的"开路先锋"。

2019年底，李永山又被委以重任，担任了中铁八局昆明公司滇中引水工程建设的"急先锋"，为打好这一场"攻坚战"，他带领团队没日没夜地奋战，实现了"跑步进场，快速形成建设规模"的既定目标。由于他同时还分管着中老铁路、玉磨铁路等工程项目，经常是国内国外连轴转，有时真是披星戴月，三过家门而不入。对家人，他始终有着深深的歉疚。

滇中引水八标项目龙潭隧洞已开挖460米的掌子面前，已任公司副总经理的李永山趔趄着，手足并用，逆着松散的石块，攀爬到了洞顶，打着手电细细观察滴水的情况，一些水猝不及防地滴在他脸上，他用手捂住双眼揉搓起来，红红的眼睛让人格外心疼。事实上，他知道那水含碱太高，每次滴到眼里都是火辣辣的疼，只是，不入虎穴，焉得虎子。

这一幕，只是他到现场的点滴画面，这样的场景太多、太多！面对新冠肺炎疫情的突然来袭，他带领团队以最严的管控措施，最强的资源配备，科学有序组织劳务人员返场，强化健康监测和管理，迅速打响复工达产攻坚战，确保了中老铁路的顺利通车和滇中引水工程这一国家重点建设工程的如期推进。

大浪淘沙始于真金璀璨，沧海横流方显英雄本色。

面对央视镜头，他坦然道："身处这样一个伟大的时代，我只是无数优秀工程人中的一员。"

荣誉背后，他与无数爱岗敬业、甘于奉献的中铁同事们继续在建功立业的新征程中，以实际行动诠释着"工匠精神"，谱写着新时代建设者的成长和奉献之歌，也必将在共筑中国梦的伟大进程中焕发出更雄伟的英姿！

李永山简介

李永山，男，汉族，1975年3月生，中共党员，云南楚雄人，大学本科学历，高级工程师，1994年7月参加工作，历任项目部技术员、副经理、总工程师、项目经理、中铁八局昆明公司副总经理。参加工作至今，先后荣获中国中铁股份公司优秀青年项目总工、中国中铁股份公司优秀共产党员、四川省国资委系统优秀共产党员、"全国劳动模范"等荣誉称号。

28年来，李永山始终扎根项目一线，狠抓技术创新、人才培养，依托劳模创新工作室，培养了一批技术娴熟的项目管理人员，紧紧围绕项目施工生产中的重点、难点问题，有的放矢地开展科技创新和技术攻关，先后完成了"通过使用冲击式压路机提高回填土的压实效果""大坡度斜井轨道结构及铺设方法"等多项课题研究，他用实际行动践行着自己对细节的追求与执着，他执掌的项目获得了经济效益与社会效益的双丰收。

20

红心向桥谱华章

——记中铁大桥局副总经理、总经济师 张红心

从一名普通的技术员到"建桥国家队"中的佼佼者，张红心一如其名，矢志不渝践行着建桥报国的"红心"和使命。

32年的坚守，十余座重特大型桥梁的建设，他在学习中成长，在成长中收获，从全国保护母亲河先进个人、中国建筑鲁班奖工程项目经理，到全国建筑业企业优秀项目经理、"全国劳动模范"……一项项荣誉的背后，折射着其不停创新与攀登的足迹，也让一张张"中国名片"熠熠生辉。

创造建桥奇迹

2014年6月16日，黄冈城际铁路公铁两用长江大桥通车，时任中共湖北省委书记李鸿忠、省长王国生高度赞扬了大桥建设者："创造了长江公铁两用大桥建设的奇迹！"

这一"奇迹"是张红心和他所率领的团队创造的。

黄冈长江大桥全长4008米，主桥采用双塔双索面钢桁梁斜拉桥方案，其主跨567米，是当时世界已建和在建同类型桥梁中跨度最大的。

大桥自2010年2月动工兴建。在建设过程中，张红心带领团队战胜了百年一遇的特大洪水，多次超额完成生产任务，主要节点工期较批复工期提前

6个月，填补了我国桥梁施工技术领域的多个空白，创造了多个新纪录：大型钢围堰制造和3号主塔墩承台施工分别创造日均加工钢结构100吨、日均绑扎钢筋160吨的新纪录；仅用128天，完成了两主塔墩62根3米大直径钻孔桩施工，创造了长江上桥梁基础施工新纪录；仅用23个月实现从围堰下水到主塔封顶，创造了公铁两用斜拉桥施工速度新纪录；仅用29个月实现了从围堰下水到主跨合龙，创造了令人瞩目的"黄冈速度"。

奇迹的背后，是张红心一直推崇和坚持的创新驱动、技术引领。黄冈长江大桥主跨跨度、主桁杆件倾斜度、斜拉索破断力和抗压抗拉支座均居世界已建成桥梁之首，其设计理念先进、工程规模宏大、技术含量高。

为了安全、优质、快速地建好这座世界级桥梁，张红心团队不断优化施工组织设计，大胆进行技术创新，开展了15项重大科技创新攻关项目，获得6项国家发明专利和8项实用新型专利，创造了4项桥梁施工新纪录；同时在结构设计、施工技术和新材料研发等方面取得了丰硕成果，主塔墩顶钢梁架设新技术获得中国钢结构协会科技进步奖，形成了一整套具备自主知识产权的斜主桁钢桁梁斜拉桥建造技术，处于国内领先、国际先进水平。

攀登建桥巅峰

平潭海峡公铁大桥是桥梁建设新技术、新装备的集大成工程，代表了我国当今桥梁建设的最高水平。2018年4月，张红心开始主持该项浩大工程的建设，面对的是前所未有的挑战。

平潭海峡大桥桥址处具有风大、浪高、水深、流急等特点。据统计，这里每年6级以上大风天气超过300天，7级以上大风天气超过200天。除此之外，平均每年台风正面登陆3~4次，最大浪高约9.69米。再加上此处潮差最

张红心工作照

大达7米，水流流速快，尤其是受波流力的影响，潮差是常规长江等内河桥梁的10倍以上，对水中结构冲击极大……恶劣的气候条件和复杂的水文地质条件让这里一度被称为"建桥禁区"。

经过深思熟虑，作为福平铁路3标项目经理的张红心，提出"全员、全过程、全覆盖"的建设理念。他们一方面按照集约化管理范式，在全集团率先实行"1+3+6"管理模式，分段施工与专业总包同频共振，真正体现"专业的人做专业的事、熟悉的人做熟悉的事"；另一方面带领项目管理团队从现场踏勘、施工调查、策划交底入手，厉兵秣马，整合资源，牢牢扭住海上施工的"牛鼻子"，对症施策，先后打赢栈桥平台攻坚战、桩基围堰歼灭战、季风施工持久战"三大战役"。

在全年7级以上大风达302天、经历6次台风袭击的情况下，平潭海峡大桥胜利实现复杂深水海域环境下的栈桥及平台建立、航道桥主墩开钻、海中承台围堰安装和首个墩身浇筑，初战告捷，为全桥按期建成奠定了坚实基础。

此外，张红心充分发挥技术的先导效应，先后组织召开了十余项关键技术方案研讨会、论证会，协同高校、设计院、桥科所开展恶劣海洋环境下大型桥梁工程建造技术课题研究。他埋头钻研，打破传统栈桥设计定式，创新栈桥基础结构形式，攻克了海上深水无覆盖层、波浪力巨大工况下栈桥设计难题，研制出一种具有伸缩调节功能的整体桁片式联结系和新型桁架结构大桥1号桁梁，迅速打通了大桥建设的"生命线"。

2020年12月26日，平潭海峡公铁大桥全面通车，突破"禁区"的中国桥，在浩瀚大海上再次书写新奇迹，成为建桥史上一座新的里程碑。

践行"桥梁+"战略

随着区域城市群、长江经济带、粤港澳大湾区建设进一步推进，水利、码头、风电等新兴产业进入快车道，中铁大桥局坚持规模与质量并重，积极践行"桥梁+"发展战略，将目光瞄准海上风电新能源市场。

张红心工作照

2019年，中铁大桥局全面进军风电领域，先后中标嘉兴风电、阳江风电、华能盛东如东海上风电等7个新能源项目，施工海域分布于黄海、东海及南海。

2020年5月，张红心开始分管新能源指挥部，带领大桥人在践行"桥梁+"发展战略、追梦"深海蓝"的道路上跑出了"加速度"。

面对"抢装潮"的巨大压力，风机安装"一船难求"，船舶租赁价格也水涨船高。为此，新能源指挥部协调多方力量，帮助项目团队利用一切空余时间寻找船机信息、实地走访和反复谈判，保障设备顺利进场。

面对"短、平、快"的风电项目，把控施工进度是优质履约的关键。然而，恶劣的海况、复杂的地质条件给大桥人带来了不少困难。为此，在新能源指挥部的带领下，项目部对基础机构、施工平台反复优化，强化工序衔接，总结形成了一套超厚淤泥层地质环境风电机组单桩基础施工工法，大大提高了整体施工效率。

在海域海况恶劣、台风频繁、地质条件复杂等困难环境下，2021年，中铁大桥局在建海上风电共7个项目（9个标段）先后完成履约，标志着中铁大桥局首批海上风电项目圆满收官。

打造建桥品牌

2020年11月，张红心作为中铁大桥局副总经理被委以重任，兼任新建川藏铁路雅安至林芝段CZSCZQ-1标段项目经理，为建好川藏铁路进藏第一桥——大渡河大桥打下了坚实的基础。

川藏铁路是习近平总书记亲自谋划、亲自部署、亲自推动的世纪性战略工程。而大渡河桥作为川藏铁路进藏第一桥，其建设标准之高、要求之严是以往任何一个项目都无法比拟的。面对坡陡谷深、风大震强、地形地质复杂、施工场地狭小、运输条件困难等恶劣的建设条件，张红心下定决心要干出一番成绩，扛起中国中铁人在川藏铁路建设中的旗帜。

为此，张红心亲自坐镇、率先垂范，发扬"两路精神"和青藏铁路精神，快速推进川藏铁路高起点、高标准、高质量建设；牵头实施"开工标准化"，梳理"资源准备、技术准备、临建准备、环水保准备、质量安全管理、信息化管理、卫生防疫保障"七大开工标准化清单，按月、周、日编制各项工作实施计划，确定工作内容、标准、完成时间及责任人；针对各项工作计划建立质量、安全、工期考核制度，形成文件并下发实施，发挥专业化资源优势强化清单落实。

在张红心的带领下，项目部在2021年第一季度劳动竞赛考核和激励约束考核中均获得第一名；"绿色环保智能化拌和站""信息化调度控制中心""深切峡谷高陡边坡防护""4号主墩桩基施工"4个工点被川藏公司分别认定为优秀示范点、优秀样板点和标准化安全文明工点，为全线被认定样板试点示范工点最多的单位。

著名桥梁泰斗茅以升先生曾说：人生"崎岖多于平坦，忽深谷，忽洪涛，幸赖桥梁以渡。桥何名欤？曰奋斗。"

奋斗二字，始终激励着张红心爱桥、建桥、痴桥。从1990年入行至今，栉风沐雨三十载，他用实干笃行诠释着工匠精神和劳模精神，用一颗"红心"默默托起中国桥梁事业的腾飞，也谱写了大桥人劈波斩浪、克难奋进的辉煌篇章。

张红心简介

张红心，男，汉族，1966年7月生，党员，湖北麻城人。教授级高级工程师，中南大学工程硕士、西南交通大学工商管理硕士，铁路、公路一级注册建造师。现任中铁大桥局集团有限公司副总经理、总经济师。

张红心曾参与武汉天兴洲长江大桥、黄冈公铁两用长江大桥、平潭海峡公铁两用大桥等国家重点项目和行业里程碑式工程建设，推动了中国现代化桥梁特别是高速铁路桥梁建设水平的飞跃，获得省部级科学技术奖二十余项。曾获得全国五一劳动奖章、"国家优质工程金质奖突出贡献者""全国建筑业企业优秀项目经理""全国工程建设优秀项目经理""鲁班奖工程项目经理（参建）"等荣誉，2015年被评为"全国劳动模范"。

21

桥梁报国的领军者

——记中铁大桥局七公司党委书记、执行董事　王吉连

他怀揣"建桥报国"执着梦想，传承弘扬"开路先锋"精神，十年磨一剑，把一个举步维艰的困难企业带成了中国中铁"专业工程公司20强"、全国文明单位，并荣获全国五一劳动奖状。他就是"全国劳动模范"，中铁大桥局七公司党委书记、执行董事王吉连。

强作风，激发干事热情

2011年初，中铁大桥局调整发展布局，决定将所属的武汉分公司改制为第七工程有限公司，王吉连同志临危受命出任总经理。当时公司生存发展举步维艰：项目亏损，公司负债，工资靠借款，人心不稳。

唯其艰难，方显勇毅。上任伊始，王吉连从劳动纪律着手，大力整顿干部职工队伍作风，开展全员业务培训和对标学习交流，"大刀阔斧"推行项目集约化管理，材料采购、劳务队伍的选用等都由公司集中管理，公司推进集约化改革期间，陆续撤换了几名项目经理，还有几人被调整岗位。王吉连这个"大火炉"烫了不少人，但每年职工代表对他的民主测评始终是优秀。因为大家知道，他并不是故意针对谁，而是出于公心，谁违反了规则就会有惩罚，并不会因为谁是领导或者是骨干而有特殊。

王吉连工作照（左一）

　　思路决定出路。他提出"做精武汉、做强湖北、辐射全国"的发展战略，鼓励全员开发、滚动开发、区域开发，坚持立体营销。经过三年矢志不移的创业奋斗，公司成功实现了"转变观念、扭亏解困、规模扩张、转型升级、结束蜗居"二次创业目标，一个新型子公司成长了起来。2014年公司乔迁新办公大楼，全体员工自豪感油然而生。

　　讲政治、勇担当是王吉连的政治禀赋，危难时刻他总是冲在第一线，战在最前沿。2020年初，面对突如其来的新冠肺炎疫情，他闻令而动、主动请战，快速调集施工机械和物资应急备战。在武汉封城期间，他带领党员干部和突击队员，连夜装卸调运防疫物资，组织完成火神山医院病房加固清理、电缆铺设和电力调试，武汉国际会展中心方舱医院病房搭设和病床安装。2月15日，他领受抗疫任务，组建三支突击队一百余名员工，完成3家医院的病房改造和扩建工作，实现新增床位1300个。2月17日，他再上"火线"，带领五百多名员工完成汉口北方舱医院2000个床位的建设任务。疫情受控后，王吉连积极响应国家复工复产号召，公司承建的江汉七桥项目作为武汉市首个复工的桥梁工程项目，为武汉经济复苏提振了信心，受到全国各大媒体关注。

兴文化，凝聚发展动力

　　文化是企业的灵魂。王吉连提出"把我们的企业建设得像军队、像学校、像家庭"，十年如一日培育和践行"三像"文化。"像军队"一样的执行力和战斗力。十几亿的太原北中环桥、太原摄乐桥、太原晋阳桥等均实现当年开工、当年完工，打出了建桥军团的威风。出战必胜的"太原精神"和半年建成一座汾河桥的"太原速度"传为佳话。4个月建成大同左云十里河大桥的"左云速度"和提前半年完成海口美兰机场临云互通主体结构施工的"美兰速度"传为美谈。"像学校"一样的学习力和成长力。开展争创学习型组织活动，实施大学习、大培训、大练兵，涌现出了中国质量工匠蔺长洪、

王吉连工作照

湖北"荆楚工匠"杜操等一大批先进团队和模范人物。公司深入开展"评先树模"活动，全体员工以劳模、先进生产者和先进典型为榜样，立足岗位、真抓实干，香溪长江大桥项目部青年集体荣获中央企业青年文明号称号，公司15人获省部级以上表彰，1人当选全国青联委员，创建了3个劳模（专家型职工）创新工作室。他积极推进青年员工座谈交流、双导师带徒、青年员工节支创效等工作，培育并涌现出一大批优秀青年典型。2020年，王吉连当选为"全国劳动模范"；2021年，被中国中铁授予中国中铁"开路先锋"卓越人物称号。多年来，他推行优秀青年购房帮扶，为76名职工解决了购房难题，使得员工们的幸福感和获得感显著增强。

要干就干最好、要争就争第一。2019年10月，武汉市承办第七届世界军人运动会。横跨京广铁路的武汉青菱斜拉桥是杨泗港快速通道的配套工程，由于原施工单位仅完成了主塔墩基础施工，余下一年的工程任务要在军运会前6个月完成已经是不可能。这时，武汉市及业主领导将期待的目光投向了大桥局。依靠中铁大桥局品牌优势和技术实力，以建桥人的智慧和担当，王吉连与桥梁专家一起优化方案、倒排工期。凭借多年的管理实力和大桥局的技术支撑，他毅然接下这个艰巨任务。面对安全风险、工期紧张等多重压力，他身体力行发扬大桥人"跨越天堑，超越自我"的豪迈气魄，调整作息时间，发扬"吃三睡五干十六"的拼命精神，每天亲临工地，蹲守现场，亲力亲为，在施工现场研究方案解决问题，给管理人员、技术人员、劳务人员鼓劲。经过170天日夜奋战，武汉青菱跨铁路斜拉桥成功完成转体，成功做到了"把不可能变为可能"，兑现了企业"守土有责、守土担责、守土尽责"承诺，展示了央企的担当。

重管理，提升企业竞争力

王吉连首创"桥梁+"理念，提出作为新型子公司必须走"桥梁+"差异化发展道路的思路。面对"入行无路、入门无证"的现实问题，他亲自抓资质申报、升级工作，经过积极探索创新，企业资质从无到拥有市政、建筑两项总承包一级、桥梁工程专业承包一级等24项自有资质。他带领营销人员向新兴热门的基建领域广结人脉，多方寻找战略合作伙伴，拓展了陕、甘、青及海南新区域，打入了城轨、房建等新领域，实现了"1+1>2"的双赢目标，公司业务板块已从市政桥梁拓展到城轨、公跨铁、房建、地下管廊、水环境及环保、水利工程等领域，年营销额超百亿，非桥梁工程额占比在45%以上，实现了多元化发展。

万事开头难。施工企业抓营销、揽任务是第一难！他提出全员营销理念，亲自抓市场开拓，带领营销人员频繁往返于省内地级市，省外如山西、甘肃、青海、海南、广东等地，凭借大桥局的品牌实力和反复真诚的沟通，承揽的项目逐年增多，市场营销超过百亿大关，新签合同额连续多年稳居集团公司第一。

他坚定不移地落实法人管项目，强推劳务、资金、施组等十二大集中管控，全面深入推进管理实验室活动，始终坚持"三检两会"制度，定期召开收尾项目管理会和"双清"推进会，加大债权债务的清理、清收力度。通过全周期项目管理，项目安全、质量、进度、效益总体有序可控。法人管项目措施在公司全面落地，项目管理基本实现由粗放型向初级精细化的转变。近年来，七公司承建的多个项目荣获鲁班奖5项、詹天佑奖1项、全国市政工程金奖4项、省部级以上荣誉78项。

抓党建，引领高质量发展

新的使命、新的考验。作为党委书记，王吉连始终坚持"党建抓实就是战斗力，党建抓强就是竞争力，党建抓细就是凝聚力"工作思路，紧密围绕新时代党的建设总要求，围绕大党建建设，创新开展具有特色的党建工作体系，构建"党建+生产""党建+双清""党建+经营""党建+安全""党建+商务"新的运行机制。王吉连带队深入基层一线开展党建思想政治调研、工作交底，实地了解基层诉求，推动解决问题。组织开展党群工作全覆盖巡检、党群工作业务专题（视频）培训、"堡垒支部达标"活动，全面提升组织力和党员、党群干部政治、业务素养。坚持开展年度"三合一"（年度组织生活会、春节后复工复产推进会、年度工作计划会）组织生活会，确保党建"规定动作"与经营管理重点工作更有效融合。每月项目党支部书记督促项目经理开展安全质量大检查，安全生产保障作用进一步增强，唱响了党建与经营管理协奏曲。公司年营销额从8亿元到145亿元，年营业额从8亿元到60亿元；创效水平从弥补亏损到年盈利八千七百多万元，人员规模从两百多人壮大到一千二百余人。2020年七公司步入"中国中铁先进子公司"行列，2021年荣获"全国五一劳动奖状"称号。

征程万里风正劲，重任千钧再出发！王吉连从现场的技术员，到大型桥梁工程的指挥长；从立志建桥报国的追梦青年，到中铁大桥局子公司负责人，在投身桥梁建设事业、企业改革发展过程中，一路奋斗、从未停歇，因为他知道做好自己的本职工作，建好每一项工程，就是报党恩、报国志、服务社会的最好体现！

王吉连简介

　　王吉连，男，汉族，1963年5月出生，中共党员，江苏铜山人，教授级高工。历任技术员、项目经理、工程指挥长、公司总经理。现任中铁大桥局七公司党委书记、执行董事。曾获"全国劳动模范"、湖北省劳模、全国铁路"火车头奖章"、中国中铁"优秀项目经理"称号。

　　王吉连倡导"像军队、像学校、像家庭"三像文化，十年来把一个亏损企业带成了中国中铁"工程公司20强"，参建的多项工程获鲁班奖、詹天佑奖，引领公司获得"全国文明单位""全国五一劳动奖状""全国高新技术企业"。2020年，他组织带领7支突击队近千人参与抗击新冠肺炎疫情战斗，完成国博防疫物资转运、火神山医院病房加固、电缆铺设、医疗设备安装调试；承建长航、新华、梨园医院等"方舱医院"病房改造，新增床位1300个；承建"汉口北方舱医院"，提供床位2000张，充分发挥国有企业政治担当。

飘扬在隧道与地下工程领域的一面创新旗帜

——记中铁隧道局副总工程师 孙振川

从引进消化吸收到自主创新，从"中国制造"到"中国创造"，从曾经的行业新手到享誉世界，短短十余年，我国盾构整体技术水平已达到国际先进水平，成为响当当的"中国名片"。在这耀眼成绩背后，离不开一批盾构人十余年来坚守初心、勇担使命，不断攻坚克难、开拓创新、无私奉献。中铁隧道局集团副总工程师孙振川，就是其中的一位。

从业二十多年来，孙振川参与了多个国家重大工程项目科研攻关与建设，为我国地下空间的创新发展创造了一个又一个奇迹。他主持了我国第一条海底隧道——厦门翔安海底隧道、国内首条特长水下高速铁路隧道——广深港高

孙振川工作照

铁狮子洋隧道、杭州庆春路越江隧道等重大工程建设和科研攻关，参与了国家"863计划""973计划"、国家重点研发计划等多个盾构TBM国家级项目研究，构建了跨江越海隧道设计理论与方法等关键技术体系，填补多项国内外技术空白，为我国实施穿江越海、地下空间开辟等重大工程保驾护航，做出了突出贡献。

攻坚克难　穿江越海创奇迹

20世纪90年代，孙振川大学毕业后选择了工作环境最艰苦的隧道局，投身于我国隧道及地下工程建设，一干就是二十多年。从见习生到项目总工，从项目总工到项目经理，从公司副总工程师到公司总工程师，孙振川参与的大小工程建设与技术攻关不计其数，积累了丰富的盾构TBM技术经验，为日后开展工程科学技术创新打下了坚实基础。

2005年，筹划十年的我国首座大断面海底隧道——厦门翔安隧道开建，这是一项规模宏大的跨海工程，地质异常复杂，施工难度世界罕见。面对挑战，该如何啃下这块"硬骨头"？

通过激烈竞争，孙振川成为这项集技术性、风险性、挑战性于一身重大工程的项目负责人。他带领技术团队，日夜坚守在施工现场，锲而不舍地进行研究实验、技术创新，创造了一个个"海底奇迹"。

施工中，看到传统的CRD工法掘进进度缓慢、地层变形及地表沉降大，孙振川就开始琢磨，有没有什么方法能够控制变形、提高效率？历经不断的研究与试验，最终对传统工法进行了创新优化，使工作效率由最初的每月30~40米，提高到每月80米；地表沉降由最初的20厘米，降低为3厘米。

进入到海底，最艰难的部分是如何安全通过海底风化深槽及岩石破碎带。当时国内外都没有类似技术和经验可供借鉴，孙振川就带领技术团队日夜泡在施工现场进行技术攻关，组建攻克地下工程难点的"特种部队"，最终确立了"探、堵、挖"的施工理念和以防止突涌水为核心的技术体系，安全顺利地穿越了第一个风化深槽，并开始在全线工程推广应用。

再完美的方案也会有意外，在一次开挖过程中，海水突然从海平面70米以下的掌子面裂隙以50立方米/小时的速度喷泻而下，整个隧道即将毁于一旦。面对险情，孙振川临危不乱、沉着应对，迅速启动应急预案，组织项目三百多人投入抢险，经过两天三夜的不间断作战，终于将汹涌的海水"制服"。

不经历风雨，怎能见彩虹。孙振川带领团队不辱使命，攻克了富水全强风化软硬不均地层大断面浅埋暗挖施工、浅滩段强透水砂层施工、海底与海水直接连通风化深槽施工三大技术难关，接连解决多个世界性难题，在我国第一条海底隧道建设中写下浓墨重彩的一笔，更是为今后更多海底隧道工程的建设提供了宝贵经验。

翔安隧道在我国交通史上具有里程碑意义。孙振川团队在翔安隧道建设中通过技术优化、创新，构建了跨江越海隧道成套设计施工理论与方法等关键技术体系，成果填补了国内外多项技术空白，多项关键技术先后荣获2009年福建省科学技术二等奖、2009年度中国铁路工程总公司科学技术特等奖、2011年度中施协科学技术奖一等奖、2011年度中施协科学技术奖特等奖、中国中铁青年创新一等奖、2016年度国家科技进步二等奖等。孙振川个人也被授予厦门市"突出贡献个人"、厦门市五一劳动奖章、福建省劳动模范等荣誉称号；2016年，当选第九届科协代表。

志存高远　智能盾构谱新篇

荣誉不是终点，科研没有止境。2017年，孙振川调任盾构及掘进技术国家重点实验室执行主任，开始将目光投向科技最前沿——大数据与人工智能，如果能够将信息技术与盾构技术相结合，将带来一场革命性变革，盾构TBM大数据研究成为实验室的重点项目之一。

"平步跨高山，谈笑越江海。"这是人们对现代盾构TBM技术的赞誉，而在孙振川看来，城市不断扩张、人口膨胀、交通拥堵、资源紧缺，隧道和地下空间开发已成为必然趋势，作为主要施工设备的盾构TBM及其代表先进方向的施工技术前景广阔。但盾构作为一种"量体裁衣"的定制产品，其选型设计在目前还仅仅依靠传统经验的"三张表"方式，盾构机还需要类似汽车驾驶员一样的主司机操控，一旦进入到环境复杂的地下，由于工程地质的不确定性、盾构机的不适应性、操作人员素质的差异性等，安全高效的盾构法也经常"险象环生"。

盾构TBM是不是也能像无人机一样，实现智能操作、"无人驾驶"？孙振川毅然牵头组建了"盾构TBM工程大数据云平台开发及应用"科研团队，研制了集智能监控、数据分析、协同管理及大数据应用于一体的盾构TBM工程大数据平台，让盾构TBM与信息技术"牵手"。

盾构机的"神经中枢"就是部署在盾构上的上千个传感器，如何把这些信息快速、准确地采集上来？如何对提取的不同厂家不同型号的数据进行解析、清洗、去噪、编码？最终孙振川下定决心，要编制统一的数据字典，制定数据采集标准，为将来大数据分析挖掘提供基础。

在采集终端选型设计上，孙振川也高度重视设备的可靠性和安全性，他与研发人员一道加班进行夜间采集设备上线测试，连续多天熬夜苦战，确保采集设备功能达到预期目标。

在孙振川的倾力指导和奉献精神鼓舞下，实验室创新团队最终成功研发出了被称为"黑匣子"的具有自主知识产权的盾构TBM采集终端。经过2年多的推广应用，已经接入了三百多台盾构TBM，构筑起了行业内接入盾构TBM数量最多的多功能大数据平台，有力地引领了行业技术进步，为盾构TBM相关大数据积累、数据价值挖掘和盾构TBM智能化研究奠定了坚实基础。

其中，中铁隧道集团于2016年7月承建开工的"世界超级工程"苏埃通道项目，施工难度堪称世界级，实验室盯紧这一工程启动了科研攻关。经过几个月废寝忘食地探索，孙振川和研发人员终于找到掘进参数控制规律，实现了国内首次海底无辅助工法超大直径泥水盾构直接掘进通过高强度花岗岩基岩突起地层，开创了越海超大直径盾构施工技术新方向，成为大数据平台建成后的一场经典"秀"。

截至2020年底，盾构TBM大数据平台已接入包括以色列、马来西亚等国内外盾构TBM施工线路三百二十多条，预测风险三千多次，纠正不当施工行为两千余次，创造经济效益约2.54亿元，该成果先后获得工信部大数据示范试点项目、百家大数据优秀案例、河南省科技进步二等奖等多项荣誉与奖励。

使命担当　高端制造展风采

为解决国产盾构TBM设计制造瓶颈问题，提升重大装备自主创新能力，孙振川带领团队联合高端装备制造企业，结合工程应用，先后研制出了世界首台超大断面矩形盾构等多台套异形隧道掘进机，突破了超大异形全断面开挖、异形多曲率管片拼装等难题，推动了我国盾构TBM设计制造水平迈入国际先进行列，促进了国产盾构市场占有率从2012年不足25%发展到如今的95%以上，并成功进入意大利、丹麦、法国、以色列、马来西亚等18个国家和地区。

孙振川率领团队依托承担国家"863计划""973计划"等项目，联合研制出的世界最大矩形土压平衡掘进机，在设计技术上突破了六刀盘复合开挖联合控制技术等多项关键技术难题，成功应用于郑州市中州大道立体交通隧道工程建设，是推动我国盾构技术创新发展的一个里程碑，标志着我国在矩形盾构技术领域已处于国际领先地位。

不忘初心、牢记使命。在地下空间创新奋战26载，孙振川为我国盾构及掘进技术的创新发展做出了重大贡献，他带领的团队在科技部首轮5年企业国家重点实验室评估中获评优秀（河南省唯一）。孙振川个人也先后获得国家科技进步二等奖1项、省部级科技进步奖二十余项，省部级工法10项，发明专利26项，发表论文论著二十余篇；被聘为住房和城乡建设部绿色专家委员会委员、中国爆破行业专家库专家、中国中铁专家，享受国务院政府特殊津贴专家、2016年当选第九届科协代表，2020年荣获"全国劳动模范"荣誉称号。

孙振川简介

孙振川，男，汉族，中共党员，1972年1月7日出生于陕西韩城。1995年7月毕业于阜新矿业学院采矿工程专业，分配至中铁隧道局工作。

2005年，孙振川主持修建了我国第一座海底隧道——厦门翔安隧道，获国家科技进步二等奖。2008年，从石家庄铁道学院建筑与土木工程专业研究生毕业；2009年，任中铁隧道股份有限公司总工程师，被评为河南省建筑业优秀总工程师、河南省学术技术带头人。2015年任中铁隧道局科技设计部部长；2016年当选中国科协九大代表，被聘为住房和城乡建设部绿色专家委员会委员、中国爆破行业专家库等专家；2017年，任盾构及掘进技术国家重点实验室执行主任，主持研制了盾构TBM工程大数据云平台及多个首台套盾构TBM；2018年获批享受国务院政府特殊津贴；2020年，任中铁隧道局副总工程师，荣获"全国劳动模范"称号。

为轨道交通插上"创新"之翼

——记中铁电气化局总工程师　林云志

创新是引领发展的第一动力。

"创新不是一蹴而就，更不是纸上谈兵，特别是原创技术研发，需要的是几年、十几年甚至几十年的摸索探究。"

中铁电气化局集团有限公司总工程师、教授级高级工程师林云志，每当谈论起技术创新时，透过眼镜也能看到他炯炯的眼神闪耀起光芒，他有说不完的话题，一边旁征博引，一边条分缕析，秒变"技术控"，灵感源源不竭，大家都形象地说：搞创新，就是他的"命根子"。

林云志凭借在电力电子技术领域深厚的研发优势和跨学科、跨系统的超

林云志工作照（左三）

强集成能力，先后获得发明专利授权15项、实用新型专利授权9项、软件著作权6项，公开发表中英文论文18篇，出版学术专著5部；获得中国铁路工程总公司科学技术奖5项，省级科技进步一等奖1项。2015年被评为"全国劳动模范"，北京市劳动模范，先后荣获"中国中铁开路先锋卓越人物""中国中铁'十三五'十大科技创新标兵"等称号。

无悔初心　坚持梦想

尊重自己的兴趣爱好，义无反顾拥抱梦想才能无悔初心。

柔性牵引供电、电力电子化、能量路由、无线传能、磁悬浮系统、源网荷储、新能源发电、磁悬浮系统、新型储能……在林云志的脑海中，装着几十项技术创新课题，而这些课题有的已经从最初的想法变成了重大科研立项项目，有的还在凭他一己之力摸索试验。

他看好电力电子技术在铁路牵引供电系统这个领域的研究应用前景。"这个专业对技术人员要求比较高，既要懂弱电控制，还要有强电概念，应用范围比较广。"事实上，技术创新既考量是否有前瞻性眼光，找准研究方向，也考验是否有足够定力，沉得下心。

为了这梦想，2008年，33岁的林云志义无反顾做出了人生的一次重要选择：放弃研究机构技术总监的职位和高薪，毅然投身到我国轨道交通机电行业技术创新领军企业——中国中铁电气化局。

每项技术从研发到应用再到成熟应用都不会一帆风顺。尽管搞技术创新很苦，但林云志还是很想"长时间地做一件事做到极致"，他特别佩服那些几十年如一日潜心做技术的专家和大师。

从项目技术总监，到公司科技创新部部长，再到中铁电气化局总工程师，林云志不仅要搞研究，还要从事科研管理工作，但是不论在什么岗位，他始终没有放下自己的技术研发。在林云志担任中铁电气化局科技创新部部长期间，办公室里一进门就是两张桌子拼成的试验操作台，摆放着模拟轨道和动车机头，那是他针对磁悬浮研究自行制作的模拟站场。

技术创新或许就像一场看似不着边际的超级马拉松，但就是需要这样一点一滴的积累，总有一天会到达终点。

我国轨道交通跨入高质量发展的新阶段，这为林云志搞创新提供了绝佳的舞台，他庆幸自己生在这个伟大的时代，也为自己当初选择扎根轨道交通建设感到欣慰。截至2021年末，中国高铁运营里程突破4万公里，稳居世界第一；中国铁路运营总里程突破15万公里，稳居世界第二；我国建设运营城市轨道交通的城市有44座，运营总里程达到8708公里。

持之以恒　实现梦想

行动撑起梦想，实干成就未来。

林云志坦言，只有在建设一线，他的理论研究才能转化为实实在在的项目成果。

凭借着扎实的理论基础，他在负责的第一个项目——北京地铁15号线的建设中崭露头角。他通过自己编制的测试软件，现场采集了数十万个接口的通信数据，并通过对这些数据进行分析，提出了新的接口通信模式，研发出多功能通讯接口测试仪，使通信误码率从原有的1.3%下降到了0.02%，并成功申请国家实用新型专利。

国内唯一的地铁专用检测车也是林云志带领团队研发的。它可以对限界、接触网、轨道等参数进行动态测量。

林云志工作照

"之前都是人工做静态测试，2008年开始研发的测试车可以实现动态测试，如果说前者相当于用血压计量血压，后者就相当于背了个仪器在身上动态监测。"林云志经常形象地将地铁检测车功能介绍给各方业主单位，检测车用雷达等传感器实现连续自动检测，可以精确到毫米。

同事范建伟印象特别深的是跟林云志一起调试第一代动态检测车时的场景。当时动态检测车的载体还是一个集装箱，组装地点在北京郊区的一个机械配件加工厂。设备总体调试时正是北京一年中最炎热的8月。

林云志7点就到了现场，此时已经很闷热了，干到10点多，集装箱内的温度已经超过40摄氏度。有人建议，等下午温度稍微降下来之后再调试。可林云志一边埋头干一边说："再坚持一会儿。"终于，在下午1点多的时候，他抬起头，笑着做了个OK的手势："解决了！"此时，他浑身被汗水浸透，鞋子里湿漉漉的。

"大系统、深集成、专施工、精联调、智运维"，林云志在总结全国高铁和城市轨道交通建设的基础上，创造性地提出绿色智能轨道交通建设新理念。为了将这个新理念变成现实，尽快将研发的智能装备应用到工程实践，林云志下定决心打造高铁和城轨智能建造平台，形成研发应用迭代升级的良性循环。

"智能建造平台将以信息软件为纽带，利用智能建造平台的标准代码贯通起设计、建造、产品、检测、运维全流程。"林云志设想的智能建造不是一项施工技术，而是一个建造体系，需要从设计时就统筹智能建造标准，在工作制造环节实现牵引供电设备标准化，经过机械化智能化施工安装，自动化检测和数据分析，形成系统准确的数据资产，最终移交给业主客户，为智能运维打下数据基础。

智能建造是一个不断迭代发展的过程，需要在不断试错中逐步完善和满足现场需要。2021年12月10日赣深高铁开通运营，智能建造平台在赣深高铁建设中进行了落地试验，形成了工程实践成果。

坚持创新　超越梦想

柔性牵引供电技术，一场颠覆轨道交通牵引供电方式的技术革命。

"技术创新就好比在解方程，每个方程式都有不同的解法，只有在它满足特定条件下的功能需求，才是好方程"。而目前，国家实施绿色发展、"双碳"战略，就是这个"特定条件"。林云志带领团队这些年一直在勾画一张蓝图，一项足以颠覆轨道交通牵引供电技术系统的原创性技术研究——柔性牵引供电系统。

"就好比高铁列车运行时自动控制，很精准，但是高铁运行所需的能量目前是没有办法精准控制的，我们构建的柔性牵引供电系统，就是要变革传统牵引供电制式，使轨道交通能量像列车无人驾驶一样，能够灵活和精准地调节电网潮流、电压。"林云志形象地把柔性牵引供电系统和传统供电制式比作智能手机和"老人机"之间的PK。

柔性牵引供电系统是一种颠覆性的原创技术，也将是轨道交通机电系统的"中国芯"。柔性牵引供电系统是基于电力电子基础理论，综合了电力电子、电力系统、通信和控制等先进技术，将原来基本不可控的供电网络变得可控，使供电线路的输送能力提高、故障影响降低，大大提升电力供电系统的灵活性和稳定性，极大提高轨道交通供电的稳定性、可靠性，也更加绿色节能环保。它由若干项新技术集成并进行扩展，贯通式同相牵引供电技术和能量路由器技术是其中的关键基础。

2020年5月16日，北京电工技术学会组织专家评审会议，通过北京市轨道交通新机场线一期工程"贯通式同相牵引供电装置"技术规格书，标志着旨在解决牵引供电系统"卡脖子"系列难题的重大科研项目正式进入到实施阶段。2021年，贯通式同相供电技术在北京新机场线安装完毕，为柔性牵引供电系统成果转化应用拉开了序幕。

对于柔性牵引供电系统的应用创新，林云志介绍说，"下一步，要将传统牵引供电系统的一次部分由原来的变压器转换为电力电子设备和变流器，二次部分由原来普通的继电器开关转换为微机联锁设备。"

"我们要敢于吃螃蟹，做国外还没有开展的原创性技术研究，不忘初心、勇担重任，把引领行业技术进步的责任坚定地扛在肩上，才能引领世界轨道交通建设潮流。"林云志始终认为，企业不仅要满足当前业主和市场的需求，还要具有前瞻性的眼光，主动服务国家战略，围绕超前基础理论，布局前沿技术研发，打造原创技术研究和应用的孵化器。

大众创新、万众创业，技术的进步推动着各个产业在不断迭代升级。轨道交通绿色智能化是大势所趋，"提供绿色智能轨道交通产品和服务，为品质生活提速"已然成为林云志和他的团队主动服务国家战略的使命担当。

林云志简介

林云志，男，1975年9月生，福建莆田人，中共党员，毕业于清华大学，硕士研究生学历，教授级高级工程师，先后任中铁电气化局城铁公司总工程师，中铁电气化局科技设计部部长，现任中铁电气化局总工程师。

林云志立志"将创新做到极致"，他凭借在电力电子技术领域深厚的研发优势和跨学科、跨系统的超强集成能力，先后获得发明专利授权17项、实用新型专利授权9项、软件著作权6项，公开发表中英文论文18篇，出版学术专著6部；获得中国铁路工程总公司科学技术奖6项，省级科技进步一等奖1项。2015年被评为"全国劳动模范"，北京市劳动模范，并被授予首都劳动奖章。他首次将施工和调试的内容按工序和逻辑关系建立模型组网，在国内首次创造了含车辆、信号、供电、通信等429项子系统全功能同步开通的纪录。林云志带领团队首次提出轨道交通柔性牵引供电系统，这是一项足以颠覆轨道交通牵引供电技术系统的原创性技术研究，志在打造轨道交通机电系统的"中国芯"。

新天路上的筑梦人

——记中铁二院川藏铁路勘察设计总指挥部党工委书记、
副指挥长 郑宗溪

"全国劳动模范"、四川省学术和技术带头人后备人选，曾获"火车头"奖章、"茅以升铁道工程师""全国向上向善好青年""全国五一劳动奖章"等多项荣誉，他就是中铁二院川藏铁路勘察设计总指挥部副指挥长、副总工程师郑宗溪。从业以来，郑宗溪一步一个脚印，用矢志创新，成就无悔人生。梦想筑路，科技报国。面对川藏铁路这一世纪性战略工程，他毅然决然带领着团队，肩负起几代二院人的川藏铁路梦想，也肩负起了川藏铁路建设的国家使命，他要一直当好"新天路上的逐梦人"，他坚定地说："我要把我最好的年华全部献给川藏铁路！"

矢志创新，成就无悔人生

郑宗溪出生在江西一个偏远小镇，镇上教育资源薄弱，但他酷爱学习。上高中时，他第一次坐上了火车，看着铁路连接的一个个繁华的城镇在窗外呼啸而过，他暗暗立誓要成为一名铁路工程师，为家乡修建一条康庄大道。功夫不负有心人，高中毕业时他以全校第一的成绩考上了西南交通大学，成为有史以来镇上中学考出去的第一个名牌重点大学生！

郑宗溪工作照

工作后，郑宗溪继续将努力和奋斗发挥到了极致。2008年汶川地震后，单位组织到地震核心区参与宝成铁路广岳支线抢险工作，郑宗溪毅然决然报名参加了此次工作，地震当天就赶赴现场。为了尽快完成抢险工作，即使官方预告有7级以上强烈余震，他也毫不退缩，用专业和奉献为灾区筑起一道安全屏障。而此时他的妻子正带着三岁的女儿躲在避难所，当抢险结束后，他焦急赶到避难所，看到妻女时不禁眼泛泪光、百感交集……

从业以来，从喇叭溪棚洞工程到琼州海峡过海通道研究，再到国内第一批掌握盾构法隧道设计技术的专业技术人员，郑宗溪一步一个脚印，用矢志创新，成就无悔人生。

2002年，郑宗溪担任国家重点项目——达成线扩能改造工程隧道专业第一设计负责人，由一个助理工程师担任一个投资额过百亿项目的专业第一设计负责人，这在中铁二院还是头一回。郑宗溪针对建设过程中隧道瓦斯涌出具有极大偶然性、不确定性的特点，开创性地建立了"探、测、防、封"多位一体、多种措施联动的非煤瓦斯综合防治系统，确保了非煤瓦斯隧道的施工和运营安全。这套防治系统现已广泛应用于成渝客专、渝利铁路等项目隧道设计与施工中，填补了行业空白。

因为扎实的工作作风、优异的工作成绩，2006 年，郑宗溪被提拔为土建二院隧道所副所长。2007 年，郑宗溪受命担任襄渝二线新大巴山隧道特殊设计组组长，工作上从不服输的他主动签下"军令状"，白天冒着随时可能突发塌方、涌水突泥的巨大安全风险反复勘察，夜里就在工棚里忍着蚊虫叮咬熬夜研究方案。经过几个月的努力，他带领着团队提出了科学可靠的岩溶治理设计方案，保证了施工及运营安全，成为了经典工程病害整治实例，并荣获中国中铁优秀工程设计一等奖和有"中国土木工程界诺贝尔奖"之称的"詹天佑土木工程奖"。

此外，他先后承担郑西客专、海南东环铁路、贵阳枢纽等数十个国内外项目的设计审查工作，主持或参与了中国中铁股份公司重大项目数十项，参与十余部规范、标准编写，所研成果多次荣获中国铁路工程总公司科学技术一等奖等荣誉。持续的努力，始终如一的工作作风，使他逐渐成为中铁二院隧道专业的领军人物。

扎根雪域，只为筑梦川藏

川藏铁路，举世瞩目，是世界铁路史上最为复杂、修建难度最大的铁路建设工程。早在新中国成立后的第二年，中铁二院人就开始了川藏铁路的勘察工作，经过几代铁路建设者们的努力，二院人终于迎来了圆梦的时刻。2018 年 10 月 10 日，习近平总书记主持召开中央财经委员会第三次会议，决定全面启动川藏铁路规划建设。

作为川藏铁路先行段和试验段，拉林段共16次跨越雅鲁藏布江，沿线山势异常险峻，沟谷深切，是我国地壳运动最强烈的地区之一，建设难度世所罕见。

2014年底，经慎重考虑，中铁二院任命时年39岁的郑宗溪为川藏铁路拉林段配合施工项目部经理、党支部书记、总工程师、工会工委主任。郑宗溪没有丝毫犹豫，直接进驻藏区，埋头一干就是5年多，平均每年驻扎现场超过300天，在海拔3000米以上的高原工作了7年多的时间。藏区高原的工作有时候是需要用生命去承受的，筑路区段随时有突发大型塌方、滑坡的可能，郑宗溪坚持每周往返拉萨至林芝之间的工地，每次一定会亲自进入隧道现场踏勘，为了铺筑"新天路"，他成为了难题和危险面前的逆行者！

在这里，他带领项目部同事发挥"不怕重任，敢于担当；不怕艰险，敢于拼搏；不怕牺牲，乐于奉献；不怕挑战，善于创新"的中铁二院川藏铁路"四不怕"精神，冲过缺氧关、战胜严寒关、攻克意外险情突发关，一步一脚印，在困难中寻找希望，在艰辛里收获成长，他们以心血交付一张张优秀的答卷，也收获了一份份亮眼的成绩单。

梦想筑路，科技报国！面对川藏拉林铁路建设过程中遇到的众多世界罕见不良地质难题，郑宗溪带领着他的团队开展大量科技攻关：针对风积沙分布广泛，围岩自稳能力极差的风险，率先提出风积沙隧道设计及施工的工艺工法，形成成套技术；针对隧道长大段落高地温问题，创新性地将物探和钻探相结合，精确预测洞内高地温，形成高地温隧道洞内综合降温技术；针对富水冰碛层难题，积极探索综合探测方式超前地质预报，有效保证施工安全；针对全路段世所罕见的岩爆现象，大力采用主被动岩爆综合控制技术，建立岩爆安全防护体系，为现场施工提供了可靠的技术支撑和保障……

2018年，以郑宗溪命名的劳模创新工作室成立，研究成果直接为项目建设提供最强有力的技术保障，不仅圆满解决了川藏铁路拉林段建设过程中的复杂技术问题，也为后续工作做了大量极有指导意义的技术储备。2019年至今，郑宗溪担任中铁二院川藏铁路勘察设计总指挥部副指挥长、副总工程师，并主持日常事务工作。他带领着团队超前谋划，精心组织，高质量完成勘察设计工作；强化人员配置，提高服务意识，积极主动开展配合施工工作；加强党建引领，铸造廉洁工程，提升企业品牌影响力。他和他的团队肩负起了几代二院人的川藏铁路梦想，也肩负起了川藏铁路建设的国家使命。在他最好的年华，国家将最光荣的使命交给了他，他坚定地说："我要把我最好的年华全部献给川藏铁路！"

笃定前行，心中有国亦有家

满腔亲情，却难付家人！结婚多年，郑宗溪不是出差在外，就是长期驻扎现场，留下妻子一个人教育两个女儿，照顾双方父母，家中琐碎都是妻

郑宗溪工作照

子一力承担。幸好两个女儿乖巧懂事，大女儿以优异的成绩保送成都石室中学，她说"铺筑川藏天路是您的事业，认真学习是我的事业，我们在不同的地方一样地攀登"。小女儿悄悄告诉幼儿园老师，"我的爸爸是全国劳模，是新天路的追梦人，是我的大英雄"。男儿雄心奔四海，心中有国亦有家。那一刻，让他倍感欣慰，也潸然泪下，心中对于铁路事业的那一份孜孜不倦的追求更有力量。

郑宗溪有一双满布皱纹的手，这双手至少要比他的实际年龄大十岁。这双手见证了他历经两千多个日夜的高原反应，身体病痛折磨，愧对家人的心理煎熬以及高原灼日、冰风、暴雨的侵袭，甚至多少次冒着生命危险在工作，这双手上的每一条沟壑都印记着他的艰辛历程！

许多人不了解他的选择，纷纷劝他早点从高原回来。但他说，如果现在需要夺取泸定桥，他一定是那22名勇士中的一员；如果是在革命年代，他也必将是一名无畏的冲锋者；而现在，作为一名铁路人，他的选择就是在川藏线这条"新天路"上，奉献自己的青春、才智和热血！

一代人有一代人的使命，一代人有一代人的担当。如今，郑宗溪接过这一接力棒，按照习近平总书记的重要指示批示精神阔步前进，高起点、高标准、高质量推进川藏铁路规划建设，不负祖国和人民的重托，以"匠心"守"初心"，用"真心"守"本心"，为实现中华民族伟大复兴中国梦贡献智慧和力量！

郑宗溪简介

郑宗溪，男，汉族，1975年10月生，中共党员，教授级高级工程师，江西上饶人。曾任中铁二院川藏铁路拉林段项目经理，现任中铁二院川藏铁路勘察设计总指挥部党工委书记、副指挥长。1998年西南交通大学毕业后入职中铁二院，从事隧道工程设计工作二十余年。

郑宗溪先后担任达成线扩能改造工程、襄渝铁路安康至重庆段增建二线、拉林铁路等长大干线的隧道设计负责人，牵头或参与完成了二十余项国家重点项目的设计工作和十余项科研项目，所参加主持的项目获省部级及以上优秀设计奖三十余项。因参与川藏铁路规划建设的突出业绩，被喻为"新天路上的筑梦人"。曾获"全国劳动模范""全国五一劳动奖章""全国向上向善好青年""火车头奖章"等多项荣誉，并当选"四川省学术和技术带头人后备人选"。

弘扬时代精神　坚守造桥初心

——记中铁二院贵阳公司副总工程师　刘志军

　　1983年，一个初出茅庐的湖南伢子，怀着梦想，意气风发地来到中铁二院贵阳公司，跟着前辈们扑入到工作的最前线。为了掌握第一手资料，他跟着勘测队，顶着酷暑，冒着严寒，背着图板，拿着鱼尾尺，翻越一座山又一座山测地形，跨过一条沟又一条沟绘断面，太阳晒晕了就涂点清凉油，寒风吹僵手就哈口气……年复一年，这个质朴的青年被不畏艰难、甘于奉献的二院精神不断激励，被如饥似渴的求知欲、敢破急难重险的勇气不断鼓舞，逐步蜕变成为全国交流领域的权威专家、成为"全国劳动模范"、成为新一代年青人的榜样、成为了他儿时的梦想，而他就是中国中铁"开路先锋"卓越人物刘志军。

始于梦想　基于创新　成于实干

　　努力拼搏，始于梦想。刘志军怀揣着一个儿时的梦，那就是要亲手设计一条宛如彩虹的大桥，横跨山川之间，让山里的人走出去、脱贫致富，这个梦一直激励着他不断向前。

　　在工作上，刘志军一丝不苟、精益求精。从业40年，他绵绵用力，久久为功，先后主持参加了南昆、黎湛、渝怀、渝黔快速铁路、川藏铁路等国

刘志军工作照

家重点铁路建设项目设计工作，参与设计了贵州铁路和轻轨项目三十余条、公路项目百余项，主持设计的各类桥梁六百余座，并多次担任重点桥梁工程科研立项评委、科技进步奖评委、优秀勘察设计奖评委，为贵州省乃至全国铁路、公路、市政交通建设做出了较多贡献。

他坚持精耕细作，勇于创新。2002年，他主持设计的贵阳山水黔城1号桥因受黄河路路面标高以及桥位处河流洪水位影响，桥梁结构高度受到严格限制。而业主对桥梁的造型、景观还有超常规的要求。在没有参考资料的前提下，他带领攻关小组夜以继日，精心设计、不断优化，前后做出桥梁方案数十个，最终设计出了构思巧妙、造型美观的单孔微拱薄梁门形构桥梁，让它成为了贵州省的地标性建筑，也收获了业主及市政部门的高度评价。2012年至2013年，他被委以重任，主持设计贵阳南明河1号桥，为了克服复杂的地形结构，刘志军带领他的团队首次采用了主跨为56米中、下承式"米"型腹杆、整体节点双层钢桁梁，与此同时，下层与中、上层采用不等桥宽，这种结构形式在当时也是国内首创。

　　他脚踏实地，实干当先。2014年至2015年，刘志军再次勇挑重担，主持设计贵开城际铁路云锦庄右线大桥1-64米曲线系杆拱桥。在设计中，他带领团队创造性地采用了曲梁曲拱，增大横撑截面及施加预应力的技术方案，使工程投资在原方案基础上节约数百万元，而这项技术的成功运用也填补了国内空白，开启了系杆拱领域设计的全新思路。与此同时，为了分享自己的技术经验，2009年和2013年，他代表中铁二院分别参加了第六届海峡两岸土木工程学术交流会和第七届国际拱桥大会，为推进桥梁工程的国际技术交流、精进技术贡献智慧，更全面助力了铁路建设及桥梁技术发展。

　　回望岁月，刘志军在工作中经历了无数的艰难与困苦。在负责贵阳小关水库特大桥施工图设计时，他曾因这块"硬骨头"无暇休息，坚持亲自下到每个深达35米的桩孔中检查，克服严重的恐高心理上桥检查。当时此类规

刘志军工作照

模桥型较为罕见，需突破诸多难题，有人选择退缩，然而他却咬紧牙关，顶住一切压力埋头苦干，过程的艰辛唯有他自己知晓，看到大桥建成顺利通车之时，他不禁喜极而泣。正因为他的刻苦好学与坚韧不拔，此项目赢得了参建单位的高度认可。

千磨万击还坚劲，任尔东西南北风。所有的努力，时间都会给出答案。刘志军培育的一个个创新成果，孵化的一个个权威技术，诠释了"设计未来，创造历史"的二院企业精神；一个个创新成果也使刘志军在业内获得诸多赞誉，先后成为贵州省建设厅专家库专家、贵州省科技厅专家库专家、铁路建设系统评标评优专家库专家，还担任了中铁二院桥涵、水工建筑专业委员会委员、中铁二院专业技术带头人。

亦师 亦友 亦同道

他似慈父，更是榜样。从业几十年，丰富的人生阅历是年轻人的精神宝库，精益求精的工作态度是年轻人的标杆，谦和的性格也总能让他与年轻人打成一片，而从他口中说出的二院故事，总能不断地激励着一代代的青年，以他名字命名的劳模创新工作室正在不断孵化出新的技术、新的人才、新的二院人……

他是良师，也是益友。工作中，面对朝气蓬勃的年轻职工，他无不倾囊相授；面对任何一点失误与疏漏，哪怕是文件中的一个标点符号，他也是精准地指出。而在生活中，大家也乐于向他诉说工作与生活的困惑，他总能在你需要时停下脚步，侧耳倾听，并恰到好处的给出中肯的建议或看法。

刘志军劳模创新工作室自2015年成立以来，通过导师带徒的方式，共培养了各类中高级工程师三十余名，指导年轻职工五十余人，许多人已经成为行业内的技术骨干核心。

淡泊名利　宁静致远　初心不改

2015年，刘志军收获了人生中最珍贵的礼物，以一个光荣劳动者的身份站到了人民大会堂的领奖台上，接受了党和国家的最高礼遇。回想来路，有泥泞、有坎坷、有心酸、有汗水、有悲伤、有遗憾，但更多的是对梦想的坚持、对事业的坚守，以及奋斗的愉悦和自我价值实现的幸福与满足。

刘志军讲道："我只是一名普通的铁路设计者，更是一名平凡的中铁人。与所有平凡岗位上的人一样，为祖国的基础设施建设和经济发展默默贡献着自己的力量。我骄傲地站在这里，因为我身后有一个强大的后盾——中国中铁。我更加确信，它是我成长、成熟的沃土，是它让我圆了儿时的梦想，也是它见证了我今天的进步。"他说这枚奖章有一半是属于集体，正是组织的关怀与帮助，一路陪伴他成长，激励他、引领他走向事业的成功。

鞠躬尽瘁，砥砺前行。面对到来的各种荣誉，他并没有停止探索与追求的步伐，而是选择忘记荣誉，重新出发，以更加饱满的精神状态投入到未来的各项工作之中，意气风发的他，让我们似乎忘记他已经步入花甲之年。2020年，刘志军带领团队参与世纪项目川藏铁路勘察工作，面对任务重、难度大及工期紧的现状，他克服手腕骨折带来的疼痛与不便，始终与大家干在一起，想在一起，夙兴夜寐，披星戴月，共同推进工作进程。近几年，他更是依托主持负责的川藏铁路及多条贵州省高速公路项目，开展了多项科研课题，带领课题组成员取得了一项国家发明专利，多项实用新型专利，在国家级核心期刊发表论文十余篇。

自1983年参加工作以来，刘志军在设计图纸前一站就是40年。从风华正茂到花甲之年，他把青春与热血奉献给了国家，献给了自己热爱的交通事业，他一直践行着"造更多、更好的桥"的初心，用汗水与智慧铸就了座座桥梁，并将这种初心传递给身边的人。

他常说"设计工作是一项严谨的事业，设计质量不容忽视。只有沉得下心，凝得住神，才能使自己真正融入设计之中，才能真正做到钻进去，研出来。"他的精神，彰显劳模匠心，精益求精设计精品桥梁；他的为人，展现淳朴厚重，导师风范促成精锐之师；他的初心，镌刻家国情怀，刻苦学习践行报国之志。相信他会继续奋战在他的专业、他的梦想中，用进取精神谱出生命的新乐章。

刘志军简介

刘志军，男，1962年10月出生，湖南沅江人，中共党员，正高级工程师，中铁二院贵阳公司副总工程师。参加工作三十余年来，先后主持参加了南昆、黎湛、渝怀、渝黔快速铁路、川藏铁路等国家重点铁路建设项目设计工作；主持参加设计的贵州铁路和轻轨项目三十余条、公路项目百余项，主持或参与设计的各类桥梁六百余座。

刘志军多次担任贵州省重点桥梁工程科研立项评委、科技进步奖评委、优秀勘察设计奖评委，为贵州省科技厅、交通厅、建设厅专家库专家，贵州省建设厅高级职称评审专家。他先后获得国家专利发明1项，省部级科技进步奖1项，省部级优秀设计奖4项，在国家级及核心期刊发表论文10篇，获得"全国劳动模范"、贵州省五一劳动奖章、贵州省先进工作者、中铁二院优秀共产党员等荣誉。

为高铁设计最强的牵引动力

——记中铁六院副总工程师　王立天

中国铁路动力，靠电气化牵引。

受空气阻力影响，列车速度越高，阻力越大。为保证列车持续安全高速运行，连接电力接触网与列车的导线，必须具备高强度和高电导率特性。

强度不够，导线会断；导电率不高，列车速度上不去。矛盾的是，铜合金材料导电率与强度负相关，这就是制约列车速度提升的核心技术瓶颈。

2021年11月初，由中铁第六勘察设计院集团有限公司（简称"中铁六院"）副总工程师、中铁六院集团电化院首席技术专家、副总经理王立天以第一完成人主持的《高速铁路用高强高导接触网导线关键技术及应用》获国家科技进步二等奖。这项成果诞生的世界性能最优良导线，强度580兆帕/导电率80%IACS的铬锆铜合金导线及530兆帕/导电率65%IACS镁铜导线，支撑起中国高铁八纵八横网络的运行。

"铬锆铜导线可支撑运营时速400公里以上高铁接触网的安全运行。"王立天说。

1986年，王立天开启了铁路电气牵引设计的人生。35年来，他参与、组织并领导了多个具有世界先进水平的铁路电力牵引项目设计，涵盖最高时速高铁、第一条与国际接轨的地铁及国外工程铁路电力牵引设计等多个项目，设计出诸多铁路领域最强的牵引动力。

创电气铁路牵引诸多"第一"

王立天的手机和电脑里存着许多英文原版书籍、专业期刊和各种英语APP，每天听说读英文已坚持了三十余年。

1986年7月，从西南交通大学毕业后，王立天进入原铁道部电气化工程局电化设计院（简称"电化院"）工作，相继参与了大秦线、京沪线以及京郑线的相关设计。

在同事的眼里，王立天对知识的追求总有一股不达目的不罢休的韧劲。

工作期间，王立天坚持英语学习，为后来参与引进及海外项目谈判奠定了坚实基础。

20世纪90年代开始，中国城市地铁建设进入高潮时期。作为地铁牵引供电设计负责人，王立天先后完成了广州和上海两个地铁项目，在业内最早掌握了国内外牵引供电设备的性能。

随后，王立天又参与了"香港西部铁路牵引供电系统设计咨询及施工设计"和"香港将军澳延长线牵引供电系统设计咨询及施工设计"项目，最早学会了与国际接轨的现代铁路电气化牵引技术及项目管理理念。

2001年，年仅36岁的王立天被任命为电化院总工程师，并陆续再创诸多"第一"：广州地铁2号线、3号线和北京新机场线分别为首条架空刚性悬挂时速为80公里、120公里、160公里线；首条独轨受流的重庆较新线；首条专用回流轨的宁波地铁四号线等。

"几十年来，工程几乎一个接一个，国内铁路牵引供电设备，渐渐也从引进消化发展到自主创新。"在诸多项目实践中，王立天主持完成了我国95%以上牵引供电设备的国产化研制，实现了柔性、刚性、钢铝复合轨、直

王立天工作照

线电机驱动、独轨受流系统国产化，为国家节约工程建设投资逾200亿元，取得了显著的经济社会效益。

摘取高铁牵引供电技术"皇冠上的明珠"

2004年，中国高速铁路拉开"引进、消化吸收、再创新"的序幕。设计时速350公里的京津城际铁路，成为第一步"引进"的代表工程。

2006年初，41岁的王立天被任命为铁道部电气化专业技术主管，率领四十多位国内同行专家就京津城际与外国专家展开谈判。

如何为中国高铁引进经济安全、可支撑时速350公里的接触网导线？

"团队面临三种选择。两种国际成熟的铜合金材料，分别为镁铜与铜包钢导线；还有一种是国际在研的、最先进的铬锆铜导线。"王立天说。

镁铜导线，导电率62%IACS/强度470兆帕；铜包钢导线，导电率

50%IACS/强度580兆帕。而铬锆铜导线的最低指标可实现导电率76%IACS、强度531兆帕，被称为高铁牵引供电技术"皇冠上的明珠"，但尚未实现工程应用。

铜包钢载流量太低，而镁铜导线的安全系数已达极限，普遍应用于时速300公里及以下速度。"当时世界上尚无以时速350公里运营的高铁。"王立天说，我国规划建设的高铁特点是速度高、密度大、列车编组大，若要运营时速350公里以上速度高铁，铜包钢及镁铜导线不能满足我国接触网同时具有大电流载流量和大张力的需求，必须寻找到更高强度和更高电导率的下一代导线。

铬锆铜导线进入了谈判组的视野。经过艰苦谈判，拥有这一技术的外企坚决不转让相关技术。

"必须研制出自己的铬锆铜导线。"憋着一股韧劲的王立天于2007年优选国内校企，组建起一个产学研合作"同盟"。

王立天工作照

实验室研究进展很顺利。仅半年后，合作方浙江大学完成了实验室样品研发，测试数据达到了导电率80%IACS、强度620兆帕，形势喜人。

然而，王立天没料到，从实验室样品到产业化批量生产却是一路荆棘。

高铁接触网导线要求单根1500米以上且无缺陷，断线将造成重大事故。而这1500米，却迟迟造不出来。两年过去了，大量人力、资金、时间投入仍看不到曙光。

为解决遇到的各类问题，王立天自学材料学，查阅大量化学、合金材料等方面的著作和论文，不断设计完善工装设备和生产流程。

试验仍屡试屡败。部分技术人员退缩辞职了，甚至研发团队企业总工程师也辞职了。更有人质疑，国外研制了近20年时间都没成功，我们真行么？

王立天选择了背水一战。

功夫不负有心人。2010年7月，在试验中因结晶器漏水会引起爆炸事故需立即停机的情况下，冒着生命危险留守在冶炼现场的王立天终于成功试验出冶炼坯料杆，解决了整个研发过程中难度最大的技术问题，这颗高铁牵引供电技术"皇冠上的明珠"终被摘下。

2010年12月，京沪高铁先导段联调联试时，速度达到创纪录的486.1公里。"铬锆铜导线功不可没。"王立天自豪地说，如今我们已研发出第四代铬锆铜导线，成本更低、更加节能，技术指标居世界接触网导线领域之首。

如今，高强高导导线已成功推广应用于多条高速、重载铁路和城市轨道交通领域，累计运用超过2800条公里，安全服役8年以上。依托该课题，成功获得多件授权发明专利件、发表多篇SCI论文，其产品已列入我国导线标准。高强高导导线的成功推广应用，为推进中国高铁实现从"跟随者"到"引领者"的跨越，为进一步推动时速400公里及以上高铁牵引供电技术发展奠定了坚实的基础。

让雷电远离高铁接触网

找到牵引供电高强高导的铬锆铜导线后，王立天把目光又投向新领域——高铁接触网防雷。

"如果接触网遇雷击跳闸断电，再强的牵引动力也不起作用。"王立天说。

"我国高铁线路运营里程长、地理跨度大、高架桥段占70%以上，地区雷击活动强，接触网雷害事故显著高于高铁先发国家。"王立天说。

运行统计高铁正线百公里年发生雷击跳闸平均超过8次，沿海强雷区超30次以上。雷击导致的跳闸迫使列车大面积晚点和停运，扰乱高铁正常运输秩序，进而造成更大的经济损失和社会负面影响。

高铁牵引供电系统由接触网、支柱、箱梁桥墩组合而成，雷击电磁耦合过程复杂，建模难度非常大。

如何探索建立适合我国高铁接触网的雷电防护技术体系？

在王立天的推动下，"高速铁路综合雷电防护关键技术研究"被列入原铁道部"中国高速列车关键技术研究及装备研制"科技研发计划，并纳入了"十一五"国家科技支撑计划。

"我们联合国内最顶尖团队，从基础研究着手，进行全过程仿真模拟，通过多次现场真型雷击试验，积累了大量的宝贵数据。"王立天说。

2016年，经院士领衔的专家组鉴定，认为项目成果"全面形成了接触网雷电防护技术的理论支撑""显著提升了防雷标准化设计水平""达到国际领先水平"。

防雷研究成果随后被中国国家铁路集团总公司采用，减少了80%的雷电跳闸率。2019年11月1日，国家铁路局正式发布《高速铁路牵引供电系统雷电防护技术导则》行业标准。

回望过去，他矢志不渝不懈努力诠释为国担当；瞩目未来，他马不停蹄践行交通强国之初心梦想。作为国家重点研发计划总体专家组责任专家，王立天贯彻新发展理念，带领团队奋力开拓轨道交通节能新技术、牵引供电智能建造核心技术，为我国实现"碳达峰、碳中和"筹划各项超前研究，再次踏上新的征程。

王立天简介

王立天，男，汉族，1965年8月出生，中共党员，山东省高密市人，大学本科学历，中铁第六勘察设计院集团有限公司副总工程师，中铁六院集团电化院首席技术专家、副总经理，教授级高级工程师，以第一完成人身份获2020年度国家科技进步二等奖，获"全国五一劳动奖章"等荣誉。

王立天主创研发的高强高导接触网导线，支撑实现了486.1公里/小时世界最高运营试验速度，达世界最高水平，标志着我国高铁大张力接触网技术跃居世界前列。他主持完善了我国地铁供电系统的设计理论体系；首创接触网系统雷电防护机理技术标准；主持地铁柔性、刚性、钢铝复合轨、直线电机牵引、独轨牵引网系统国产化并填补国内空白，荣获国家发明专利18项、实用新型专利22项，编写国家标准10项、行业标准1项，出版著作2部。

国际开拓标兵：劲松扎根境外，奉献成就未来

——记中国中铁东南亚区域总部菲律宾国别代表处负责人 徐子龙

徐子龙，现任中国中铁东南亚区域总部（中铁国际代管）菲律宾国别代表处负责人。他驻外18年间主动适应驻在国语言文化、风俗习惯、技术标准等方面的差异化环境，扎根境外，担当作为，拼搏奉献，积极融入，逐步成长为企业外经战线上的行家里手。他持续聚焦商务能力提升，持续锤炼综合素养和工作技能；从提升属地化经营水平为着力点，稳步推动项目管理、区域营销实现国际化高质量发展。他横向捋顺团队业务工作流程，纵向紧密联系业主和承包商，严抓项目质量和工期，注重履行企业社会责任，培养属地化员工，传播中华优秀文化，推动中外文化交流互鉴，持续为高质量共建"一带一路"事业行稳致远贡献青春和力量。回首18年的境外风雨路，当年的"小树苗"已经根如蟠龙，荣茂苍天，硕果累累。放眼展望未来，这棵扎根境外深厚土壤的"劲松"仍在汲取营养，勤劳耕耘，拼搏进取，为推动企业海外事业高质量发展贡献坚实力量。

从倍感不适到自我认同

2003年，中南大学外国语学院英语系的毕业生徐子龙加入中铁国际所属川铁公司。次年，徐子龙被分配到尼日利亚子公司担任翻译。回忆起当年的经历，徐子龙感慨道："2004年9月11日，我记得很清楚，这是我第一次出国的日子。飞往尼日利亚的航班刚落地，我就意识到，这里和我所预期的工作环境是有相当差距的。"来到经济体量、发展水平远不如国内的尼日利亚，徐子龙起初很不适应。他坦言道，"到尼日利亚之后，第一个需要面对的困难，就是自己的心理落差。"经过一段时间的自我调整后，徐子龙逐渐意识到，"企业派我来，是对我的重视和肯定，也是我的使命所在。我要对自己有信心，要到企业最需要我们的地方来，而不是打退堂鼓！"此后，徐子龙快速适应派驻国的工作和生活节奏，认真梳理自己的工作职责，迅速上手熟悉相关业务。

紧接着，驻外语言、文化差异以及当地居民的偏见又让徐子龙遭受了接二连三的挫折。尼日利亚当地人的英语水平普遍较差，语言壁垒带来的沟通障碍给项目推进造成了阻碍。由于信息闭塞，当地普通民众对中国的认识停留在20世纪七八十年代，他们普遍认为本国经济发展强于中国，因此当徐子龙和团队成员带着先进的技术与管理理念准备大显身手时，当地人却往往不屑一顾，甚至持有一定的抵制态度。徐子龙回忆道，"当时不管是做调查、跑市场、协调资源还是和当地行政部门沟通，被'刁难'的情况不在少数。"

好在有了前一次克服心理落差的经验，这次的困难并没有让徐子龙妥协，反而激发了他的斗志，"我不能就这样回去！"徐子龙心想，"先了解这个地方，至少回国之后被同事问起来，不能一问三不知，就跟没来过这里一

徐子龙工作照（前排右四）

样。"抱着这样的想法，徐子龙沉下心来，用了近半年时间在驻在国开展调查研究，广泛积累相关资源禀赋，积极融入当地工作和生活环境。他慢慢发现，这个国家的自然环境其实并没有自己最初看到的那么恶劣，而是一个值得我们海外人为之挥洒青春的美好国度。他说，"尽管尼日利亚目前经济上相对不发达，但哪怕是给一个小村落修条致富路，对于一个年轻人来说，也是不小的成就感。"有了目标，徐子龙说干就干，"至少在我离开的时候，能够让他们的想法有一些改变，让他们通过比选认识到中国人做基建是认真的，我们在高铁、水电站、清洁能源等建设方面是先进的"。

就这样，曾抱着"工作一两年就可以回国"想法的徐子龙，在尼日利亚一待就是12年。在他和团队的共同努力下，公司修了房子、建了桥梁，帮助当地人提升了出行条件，也让那些曾怀疑中国技术的当地人的想法有了很大变化。徐子龙回忆说，"我们在一个村庄修路，刚进场时候，村民与我们保持着距离。但是当我们完成清场，推出了一条通往外界的大路时，他们开始亲近我们，来看我们干活。路基完成后，他们的家人可以骑摩托车回家，他们就会在我们遇到大雨来不及收工的时候，帮忙收拾东西。当我们完成路面给沿路的每家每户门口进行硬化的时候，他们就把自己种的香蕉、玉米一堆一堆地送到我们项目驻地门口，友谊的种子在项目建设、日常融入融通中生根发芽、开花结果。"

入企之初，极大落差感曾让他一度倍感失落，而经过十几年如一日兢兢业业、勤勤恳恳地努力与实干，徐子龙得到了历练成长，实现了自我认同和核心团队的高度认可，也得到了公司领导的好评。

从商务型人才到复合型人才

"项目经理不是必须在技术方面有很深的造诣，但是必须知道如何用好团队，至少要熟悉整个项目的实施框架。"徐子龙这样说。乌克兰光伏项目是徐子龙第一次以项目经理身份独立负责的项目。

对于一直从事商务工作的徐子龙来说，公共关系管理、项目投标早已驾轻就熟，而在项目综合管理方面则涉猎不多。此外，当地人基本上说俄语，英语普及率不高，同时光伏项目是公司从未涉及的领域。全新的项目类型、全新的工作职责加上语言不通等困难都让他倍感压力。

但这些困难都没有让他退缩，满怀着"既然要干，就要干好，干出名堂"的坚定信念，在接到任务后，迅速组建了以徐子龙为组长的3人核心团队，第一时间前往乌克兰进行现场调查。经过两个多月的实地勘察，他们掌握了营地地质地貌、

徐子龙工作照

当地物资设备及作业人员等方面的精准信息与相关匹配资源，这为后续项目的成功建设打下了坚实的基础。天道酬勤，人道酬诚。徐子龙很快便适应了项目经理的角色。在他看来，项目经理是承担着整合者、沟通者、协调者、团队领导者、决策者的复合角色，需要整合资源、知识和人员，使得人尽其才、物尽其用。作为项目经理，徐子龙的任务是熟悉项目的施工流程、注意事项、设备需求等，把控项目大方向。为了尽快形成清晰的工作框架，徐子龙"拜师学艺"，利用一切可以获得的学习资源，咨询了数十位光伏方面的专家，深入学习了光伏项目知识。同时，徐子龙充分发挥其在商务方面的专长，语言不通，他便列出商务工作清单，传授个人工作经验，指导翻译人员、商务经理做好项目商务工作。徐子龙建立了金字塔形的团队管控模式，团队3个核心管理人员管理不到10人的项目团队，再通过30名中国工人管理500名乌克兰工人。这种模式非常适合光伏这样的劳动密集型项目，创造了良好的经济效益，为类似项目提供了良好的榜样案例。

付出就有回报，担当定会成长。通过担任项目经理，徐子龙实现了由商务型人才向复合型人才的突破。他意识到，其实商务开发与项目建设之间并没有严格的界限。项目经理是团队中的领导者，需要带领团队实现项目目标。项目经理必须充分利用团队的力量，将团队凝聚起来，让专业的人从事专业的工作。

从属地化到国际化

在尼日利亚工作的12年间，徐子龙发现，相比于以往以中国工人为主力的海外项目建设模式，大量聘用当地员工、走属地化发展的经营模式可以让公司获得更长远的发展。他深有体会地总结道："属地化不仅为当地创造了就业机会，还可以利用项目帮助周边社区解决一些交通、饮水、通信问题，塑造中国企业积极履行社会责任的良好形象。项目结束后为当地留下了一批技术人才，他们可以通过所学到的一技之长拓宽事业道路，改善家庭的生活。"

来到乌克兰之后，徐子龙通过调查发现，光伏组件的安装工作对工人技能要求不高，使用中国工人并不一定会更高效，反而增加了人力成本。此外，使用属地化工人将更有助于总结施工经验，为以后继续在俄语国家实施光伏项目提供可借鉴的范本。多年的海外工作经历让徐子龙感悟出一个道理：属地化不仅是企业降低成本的有效方式，同时也有助于传播中华文化和塑造中国形象。在尼日利亚期间，徐子龙带领团队积极履行企业社会责任，帮助村民解决困难、参与抢险抗灾等，让当地民众感受到中国人热心、和善、谦逊的美好品质。在乌克兰期间，徐子龙带领团队发扬中国人勤劳肯干的精神，以超乎业主想象的速度提前完成任务，打破了当地人对中国的刻板印象，用实际行动展现了中国企业的良好形象。

如今在菲律宾，徐子龙又在酝酿新的构想。他发现，在当地人的观念中，只有到国外工作才能长见识，这就导致即便在本国缺少劳动力的情况下仍然有很多菲律宾人选择到国外工作。经过多方了解，徐子龙意识到当地工人的技能培训水平不高、不够专业，于是他设想借助正在积极推进的相关项目，对涉及到项目建设的技能培训产业进行升级。"这是一个非常宏大的计划，可能需要很长时间去完成。但是我们愿意为驻在国社会公益性事业发展做出企业力所能及的工作，并以此为载体推动中国技术、中国标准、中国装备和中国建造走向海外，并在中外优秀文化互鉴交流中全方位展示中国工匠精神和中华优秀文化。"

在高质量共建"一带一路"的大背景下，从单个海外项目的"属地化"到整个企业的"国际化"，徐子龙带领他的团队始终把建好海外项目、宣传企业文化理念、推动中外优秀文化互鉴以及增强中资企业国际传播力建设视为自己的使命。"我们每一天的工作，都是代表中国中铁海外人致力于推动企业高水平参与"一带一路"建设行稳致远而贡献青春力量。"秉承这一信念，徐子龙带领他的项目团队在稳步有序建设好每一个海外项目、展示中国企业软实力、履行企业社会责任和推动中外优秀文化交流互鉴的道路上，脚步愈发坚定。

徐子龙简介

徐子龙，男，汉族，1980年2月出生，中共党员，河南郑州人，大学本科学历，历任中铁国际集团川铁公司实习生，川铁尼日利亚子公司商务经理、项目副经理、副总经理，川铁公司市场开发部副部长，川铁公司乌克兰光伏项目经理，中铁国际集团市场营销中心职员，现任中国中铁东南亚区域总部（中铁国际代管）菲律宾国别代表处总代表。

徐子龙先后获得中华全国铁路总工会火车头奖章和中央企业劳动模范、"全国劳动模范"等荣誉称号。他驻外工作长达18年，先后在尼日利亚、乌克兰和菲律宾工作，参与多个项目的投标工作，共新签合同约31亿美元；在尼日利亚和乌克兰担任项目副经理、经理期间，所负责项目全部实现盈利，并在当地塑造了中资企业良好形象。

心心专一技 宝桥逐梦人

——记中铁工业旗下中铁宝桥道岔车间副主任 张 莉

2003 年，七月的渭河正值一年中河面最宽广的季节，但巍峨绵延的秦岭也压制不住盛夏的燥热难耐，渭河上的一座座大桥像宝鸡的手臂，紧紧拥抱着这座"火车拉来的城市"的母亲河，25 岁的张莉沿着陇海线一路向东，甚至没有回家看一眼父母，便马不停蹄地奔赴新单位报道。

"桥梁和道岔"，这是招聘时中铁宝桥领导给张莉的两个关键词，在张莉眼里，这似乎也是宝鸡这座城市的符号。

从兰州交通大学到中铁宝桥，面对人生最重要的一次"变道"，张莉心中的志忑远远大过理想照进现实的期待。

"听说今年新招的大学生里，有一个女孩儿！"一踏进宝桥大门，张莉就已经听到了关于自己的"新闻"。公司来了一位女大学生，这着实成为了道岔研发部近几年的一件大事。热情，这是张莉对新单位的第一印象。从安排宿舍到准备生活用品，从拜师入职到分配办公桌，部门领导和同事像极了多年未见的长辈，处处给张莉无微不至的关照。身处新环境，张莉感到既温暖又不安，温暖的是西北人与生俱来的实诚热情，不安的是初出茅庐的自己真的能胜任这份工作吗？"干一行，爱一行，把业务做成精品，让自己成为品牌！"在师傅的鼓励下，生性要强的张莉暗下决心："一定要尽快成长起来，像前辈一样出色！"张莉迅速调整心理和工作状态，立志要在这里大展拳脚。

张莉工作照

研精毕智，精雕细琢铸精品

　　一年的实习期转瞬即逝，习惯总结自省的张莉还来不及回顾自己刚刚开始的职业生涯，一项艰巨的任务便摆在了她的面前：按照公司统一部署，国内第一组侧向时速80公里的60千克/米—18号单开道岔研制工作作为国家重点项目正式拉开了序幕！刚刚转正的张莉凭借着过硬的技术能力和踏实努力的工作作风，被领导破格任命为项目负责人，她的职业生涯迎来又一次变道，驶入新轨道。

　　新使命伴随着新挑战，面对项目技术准备周期短，工作任务繁重艰巨等难题，张莉没有给自己害怕退缩的余地，抱着"有志者事竟成"的信念，张莉一头扎进项目技术攻关中。随后的60天，不足30平方米的办公室成为了张莉和项目组成员奋战的"战壕"。白天张莉和同事一起绘制图纸、计算数据，晚上连轴转加班加点反复审核，确保当天工作高效完成，经常不知不觉忙到深夜……

这期间，张莉深知自己的实践经验还不够丰富，于是每天自我反省，时刻和自己较劲。每天夜里等大家下班后，张莉一个人在办公室拿出白天师傅计算的图纸，一遍一遍和电脑图对照，仔细研究前辈的运算过程，在毫米之间寻找差别，再制订第二天的工作计划，在电脑绘图和传统算法之间寻找平衡点，既提升了整个项目组的工作效率，又快速丰富了个人实践经验。

整整60天夜以继日的攻坚，项目组高质量完成了道岔设计任务，经评审组专家评审，一致给予这组新型道岔高度评价。当专家们得知该道岔出自一位初出茅庐的小姑娘之手时，不禁对这位宝桥工程师竖起了大拇指。初战告捷的张莉听到国内专家的赞扬心里的石头总算落了地，极大地提升了她投身道岔事业的信心！

随后几年，张莉相继参与了中国第一组时速250公里客运专线道岔、国内首组时速350公里高速道岔、首组75千克/米系列重载道岔、首组减振降

张莉工作照（左三）

噪道岔的研制工作。项目团队用一个个新产品、一项项新技术填补了我国铁路和城轨交通的空白，助力中铁宝桥走在了中国道岔研发的最前列，让"中国高铁"成为中国名扬世界的新名片！

经过一次次历练和挑战，张莉从一个道岔"门外汉"变成了"行家里手"，从一名大学生成为了高级工程师，从一名普通科技工作者成长为"全国劳动模范"。

勤奋实干，学思践悟成专业

从工作的第一天起，张莉始终坚持着自己科班出身的知识素养，并时刻提醒自己一定要注重专业知识和实践经验的积累，养成坚持做业务学习笔记的习惯。此外，她还研究出一套重温已经完成项目成果的"独门"学习法，尤其是对道岔的线型、各个尺寸、各部分结构进行反复细致地思考，不厌其烦地向前辈请教，掌握每个尺寸是怎么来的，结构如何设计才能更加合理可行、现场施工操作更加简便，这对张莉后来接任研发部产品主管奠定了坚实基础。

2008年底，张莉接任了公司道岔产品主管工作，主要负责国内道岔用户订货合同的技术准备、技术咨询等。那时，中铁宝桥每年道岔产品订货合同三百余份，生产道岔五千余组，这要求张莉将海量产品数据信息烂熟于心，工作中不用查图纸就能从容处理对答如流，这也让他多了一个道岔设计领域"度娘"的称号。

正是因为勤奋和实干，所以无论是常规的地铁道岔、渡交组合道岔，还是工联岔、客专等高速道岔的研制开发，张莉都能游刃有余，逐渐成为工作领域真正的专家。

创新合作，革故鼎新展风采

多年来，张莉负责的每项道岔新品研发都从"零"做起，这就决定了她必须在工作中不断推陈出新。因此，创新成为了她工作的"基因"和"动能"。

2006年，中国中铁牵头成立了由西南交大、中铁宝桥、中铁山桥、北京通号设计院等单位组成的"工总联合道岔设计组"，进行相关新型替代产品的研制工作，张莉代表中铁宝桥成为设计组一员。工作中，张莉刻苦研究道岔结构，认真查阅相关资料，在往返于宝鸡、北京之间的列车上留下了一次次辛勤跋涉的足迹。不久后，设计组顺利设计出了结构合理可行的道岔，并针对具有中铁宝桥专利技术的新型滑床板结构安装不方便的问题提出了解决方案。目前，工联岔系列道岔已经成为我国铁路大提速的主导产品之一。

2008年，张莉再次作为项目组负责人之一参与到客专道岔优化设计工作中。项目推进过程中，评审专家要求垫板上有18个螺纹孔，以确保辊轮装置安装到位减小尖轨转换阻力。凭借多年的一线工作经验，张莉发现了项目制造难度大、质量很难保证等问题，经过反复模拟、测量，项目组将孔的个数由18个减少到12个，既满足了技术要求，又降低了制造难度，得到了专家的一致肯定。同时，张莉借鉴技术引进道岔的结构特点，对翼轨顶面加工及位置进行了改进设计，有效地提高了列车运行的平稳性，满足了客运专线建设需要……

随着我国客运专线的大规模建设，重载运输成为了我国铁路建设的又一发展方向。2012年初，张莉带领项目组成员在重载道岔的研究上采用7项专利技术，研发的产品性能一次次刷新重载道岔的各项记录，尤其是优化后的辙叉在神朔线上创造了我国高锰钢辙叉使用寿命的最高纪录。

拼搏奉献，孜孜不辍树品牌

2010年底，张莉担任了出口委内瑞拉道岔项目负责人，这是中铁宝桥建企以来承担的体量最大的道岔出口项目，要求按照"中国高铁"道岔的标准进行研发。时间紧，任务重，要求高。可在这个节骨眼上，张莉怀孕了。这期间，一系列的妊娠反应导致张莉情绪焦躁、精力分散，平衡工作与生活让她陷入巨大的煎熬。

在生产一线近六年的摸爬滚打，让张莉积累了丰富的项目经验，却也在转眼之间成为了一名大龄产妇。她的生活总在为工作让步，而这一次也没有例外。张莉凭着"不服输、不示弱"的作风，咬牙坚持先把道岔研发工作做好。在办公现场，在生产一线，同事看着张莉忍受着一次次强烈的妊娠反应坚持工作，又一次次安抚大家"没事的，忍忍就过去了"，发红的眼眶和额头渗出的汗珠让工作伙伴无不为之动容。她带领项目组人员夜以继日冲刺任务，加班加点攻克难题，一直奋战到预产期那天才在大家的"强烈抗议"下离开了工作岗位。

执着追求，甘于奉献。张莉对道岔事业的热爱和奉献深深影响着身边的同事，也同样影响着家人。因长年承担国家重点项目建设，张莉不得不将年幼的孩子交给本该享受晚年生活的父母；长年两地分居，丈夫不辞劳苦奔波两地，料理家庭事务，默默做好内务工作。张莉怀孕后，同样身为单位骨干的丈夫为了全力照料她的工作和生活，主动放弃了舒适的工作、优厚的待遇，毅然辞职来到中铁宝桥。团聚的背后，是家人对张莉事业的支持和付出，为张莉奋战道岔事业构筑了坚强的后盾。

风好正是扬帆时，不待扬鞭自奋蹄！2021年，第十四届全运会和残特奥会在陕西举行，张莉成为了一名光荣的赛事火炬手。当圣火传递到张莉手中，20年的奋斗时光和荣耀瞬间化作坚定的脚步，汇入神圣的火焰。不管乱云飞渡、风吹浪打，张莉始终迈着铿锵的步伐，乘风破浪一路前行，这脚步伴着中国铁路的速度，如疾风如闪电，谱写出属于张莉和铁路人的奋斗篇章。

张莉简介

　　张莉，女，汉族，出生于1978年4月，中共党员，甘肃省清水县人，毕业于兰州交通大学。2003年8月至2013年11月在中铁宝桥道岔研发部工作，2013年12月至2018年9月任中铁宝桥轨道线路研究院高级工程师，2018年10月至2020年3月任中铁宝桥轨道线路研究院副院长、高级工程师，2020年4月至今任中铁宝桥道岔车间副主任、高级工程师。曾获得"全国五一巾帼标兵""全国劳动模范""中国中铁优秀共产党员标兵"等荣誉称号，是"张莉创新工作室"带头人。

　　张莉参加工作以来，相继参与了全国铁路三次提速建设和时速250公里、350公里客运专线和重载线路所需三十余种新型道岔的研发和十多项工艺改进工作，先后获得10项国家专利和中国铁道行业协会、铁科院、中铁工业科学技术奖5项。

新京张铁路上的"领跑者"

——记中国中铁股份有限公司生产监管中心高级经理孙福洋

在孙福洋的身上有这样几张拼图，头上是京沪高铁天津西站、津秦高铁天津站、津保高铁、京张高铁缩略图；身上是沙蔚铁路、墨左铁路、贵溪电厂专用线、铜九铁路路线；脚上那一定是"高工评审""中国公路行业协会青年专家委员会专家""注册建造师""注册安全工程师""注册监理工程师"……至于"2015年度国家科技进步特等奖""2016年度铁路总工会火车头奖""感动六局十大人物"，他恐怕要放到身后的影子里。当然，还有更重要的，别人看不到他却念念不忘的，是技术，是大国工程傲立于世的科技！顶在头上的当然是他参建的工程，画在身上的都是他走过的道路，至于荣誉，隐于身后，轻若鸿毛。

淬炼：大国工匠

在孙福洋的工程生涯中，始终伴随着的是汗水与奋斗。2001年，作为中南大学的优秀毕业生，孙福洋入职中铁六局。从业20年，他全神贯注于工程事业，孜孜不倦，持之以恒，精益求精，奋战在祖国铁路大动脉建设第一线。从沙蔚铁路、墨左铁路、贵溪电厂专用线、铜九铁路到京沪高铁天津西

孙福洋工作照

站、京秦高铁天津站、津保高铁，不管走到哪儿，在什么岗位上，他都以专注坚韧的态度、刻苦踏实的精神为中铁工程人书写浓墨重彩的一笔。伴随着这些工程的顺利完工，他也收获了诸多的荣誉："2015年度国家科技进步特等奖""2016年度铁路总工会火车头奖""国家优质工程银奖""北京市长城杯优质工程金奖""感动六局十大人物"……

经过岁月的反复打磨，孙福洋在不同的岗位上历练得非常成熟，中铁人特有的坚韧、果敢、担当在他身上表现得尤其出色。2016年，孙福洋被委以重任，任中铁六局京张高铁工程总工程师。在京张高铁施工的四年中，他始终以铁路人不折不挠的钉子精神，勤勤恳恳、兢兢业业，严格要求自己做好每一项工作。在几个重点工程攻坚克难的关键期，孙福洋以詹天佑等老一辈铁路人为榜样，发扬"5+2""白+黑"的精神，不辞辛劳、昼夜兼程，奋战在施工生产一线；又努力以新时代铁路工程师的创新思维打造自己的技术管理团队，实现了铁路总公司提出的"精品工程智能京张"的任务，为打造中国高铁2.0版做出了杰出的贡献；在交通强国的世纪任务中带领团队实现了新老"京张"的交接更替，实现了时速35公里到350公里的跨越。

为了合理高效推进工程，孙福洋对施工组织进行了反复推演，提出了"147""258"施工组织设计方案，即狠抓"一隧四站七桥"重点工程，围绕"20公里既有线、5大区间、8大关键性工程"为组织单位分别展开总体工程，实现了科学合理工期，打通了京张高铁的"任督二脉"：一是2016年开工之初为全京张的整体推进而进行了黄土店和昌平北站的改造，实现了北京北枢纽的客运分流，为整体京张工程的推进创造了条件；二是在2019年开通之前打通了昌平区及海淀区12条规划道路，为北京北部城市发展预留了空间，为实现老京张35公里/小时到350公里/小时做出了跨越世纪和时空的贡献，为京津冀一体化城市发展贡献了力量。在艰苦卓绝的施工过程中，孙福洋带领团队展示了大国工匠苦心孤诣、心无旁骛、专注本职的卓越精神，取得了优异成绩。正因如此，孙福洋荣获"京张铁路两站开通突出贡献奖"。

创新：硬核技术

孙福洋自入职起对科技就有一种近乎着迷的执著。在京沪高铁五大客站之天津西站的建设中，他是整个车场施工的总工程师，带领着技术团队，制定了"四步过渡"的开通方案，圆满地实现了百年津浦铁路天津西站的华丽转身。期间，他还主持了京沪高铁天津西站工程技术研究和实践，参与研究了超长高架桥无砟轨道无缝线路建造技术，完成了现代化交通枢纽客站规划建造"大型车站过渡"技术的研发，获得了2015年度中国科技进步特等奖。

在京张高铁的建设中，他更是秉承天佑精神，在前人的基础上不断总结、提高和创新技术，特别是带领团队进行了铁路既有线施工安全管控方法的深度研究，创新开发了既有红外声光报警系统、既有线施工自动检测系统等，取得了良好的应用效果，为"精品工程智能京张"的建设起到了支撑作用。目前京张高铁顺利开通，孙福洋率领的技术团队成绩斐然，他带领团队进行了五大专业八十余项工法工艺总结和创新，已经获得各类工法、专利、科技成果三十余项，并填补了国内在既有线施工管控方面的空白。他也于2017年当选为集团公司高铁专家，于2019年当选为中国公路行业协会青年专家委员会专家。

挑战：速度"铁刷子"

京张高铁黄土店站、昌平北站两站过渡工程是在2016年4月初正式接到的任务，受路内外房屋拆迁问题的影响迟迟无法全面展开，整个4~7月工程基本上没有实质的进展。到了8月黄土店站才进地施工，而昌平北站的一次过渡由于拆迁影响从7月15日推到8月15日后又被推到了9月22日，影响线路铺设的几户拆迁问题仍然无法解决，这时他及时联系业主单位启动方案调整，把过渡开通推到了10月7日，但最终开通日期不变！而此时站场剩余一半以上，只有二十余天的施工时间！重任摆在面前，他提出了"147""258"施工组织设计方案，时间占满、空间不断，危急关头，勇于亮剑！调集管理人员和设备进行增援，调集施工劳力和队伍进行会战，小小昌平北站组织了千人会战。二十多天里，一天一个样、一周大变样，工程刷新速度堪称用上了百折不挠的"铁刷子"。一直对工期质疑的使用单位也被他苦干、实干、拼命干的精神所感染、感动，称赞中铁六局不愧为一支铁军，创造了令人惊叹、令人钦佩的"加速度"。

担当：奋斗与使命无缝对接

疾风知劲草。在2016年10月底确保京张高铁黄土店站、昌平北站两站过渡开通的施工过程中，孙福洋几个月常驻现场，直至工程结束。为了一个方案的细节落地生根，他常常在凌晨两三点钟仍旧通过网络、微信等渠道与项目技术人员一起研讨具体方案；为解决工程滞后问题，孙福洋带领团队彻夜不眠、加班加点直到凌晨也成为常态。尤其是在两站过渡工程关键攻坚月，他一个月都没回过家，即使工地离家仅仅四十多分钟的车程。去甲方铁路局开会，孙福洋有五六次路过家附近却仍然没有回去，哪怕只是拿件换洗衣服。同事们开玩笑说："你堪称新时代的大禹治水'三过家门而不入'了！"

孙福洋工作照（左一）

对孙福洋来说，工程是责任，是义务，是淬炼生命的火石，更是国家与时代赋予的使命。强烈的担当意识，工程的高度紧张，让他根本顾不上再考虑家人及家事，他的全部精力都交给了铁路站线，交给了安身立命的企业，在灵魂的更深处，他把自己交给了国家与人民。

协调：细节决定成败

车站开通涉及的内外部层面的工作非常多，内部涵盖路基、桥涵、轨道、房建、站场设施、通信、信号、信息、电力等多个专业交叉。外部需要与建设、设计、监理以及路局建设、运输、车务、机务、工务、电务等十几家单位共同联动协作。项目既定的工作方针是内部加强团队协作，凡是有共同完成的任务必须一起制订方案，凡是点前预备会需要汇报的内容必须汇到主体实施单位之中，凡是涉及与外部协调问题必须主动出击提前联系。孙福洋在工程协调过程中，每一个细节都力争做到万无一失，每一个环节都推演到无一疏漏，每一个时间点都在计划中千思万虑。

暗夜灯长明，夙夜犹在公。正是因为孙福洋及所在团队殚精竭虑的付出，在工程推进中内部施工组织目标一致，外部协调顺畅给力，使得各项任务没有出现一处纰漏，全部圆满完成，为整个京张工程工期的实现奠定了坚实基础。

孙福洋就是这样一个人，无论多少文字勾画出的只是他的一部分。如果用一个词来概括他，工程"领跑者"似乎最为合适。不管他身处何地，不管他在怎样的位置上，他始终如一地坚守着这样一个原则：科技尖刀要打造到最锋利，琐碎工作要做到极致，细节要做到完美，关系要梳理到最佳。正因如此，他堪为领跑者，善为领跑者，不伐不矜，有功有能！

孙福洋简介

孙福洋，男，汉族，1978年8月出生，中共党员，辽宁海城人，大学本科学历，教授级高级工程师，曾任中铁六局集团有限公司京张项目部总工程师，现任中国中铁股份有限公司生产监管中心高级经理。曾荣获"全国劳动模范"、国家科技进步特等奖、国家优质工程银奖、北京市长城杯优质工程金奖、火车头奖章、京张铁路两站开通突出贡献奖等荣誉称号。

从业二十多年来，孙福洋先后参建了京沪高铁天津西站、津秦高铁天津站、津保高铁、京张高铁等工程。作为工程项目技术掌舵者，他先后主持了京沪高铁天津西站工程技术研究和实践，研究了超长高架桥无砟轨道无缝线路建造技术，完成现代化交通枢纽客站规划建造"大型车站过渡"技术的研发。在京张高铁建设中，他带领团队进行了五大专业八十余项工法工艺总结和创新，获得了三十余项工法、专利，为"精品工程 智能京张"的建设做出了突出贡献。

用脚步丈量中国高铁发展

——记中铁一局五公司工匠技师　白芝勇

他是铁路建设者中的先进代表。

他是铁路测量领域的大国工匠。

他是一名普普通通的测量工人。

他也是工程测量领域的大国工匠。

他就是"全国劳动模范"、党的十九大代表、全国最美职工、中国中铁一局五公司工匠技师——白芝勇。

作为工程测量行业的名片人物，白芝勇先后参与了四十多条国家重点铁路的线路复测、工程精测工作，参与了中国高铁1/10里程、两千七百多公里的精测，见证了中国高铁从无到有、再到成为被世界公认的"中国名片"的历程。

"用脚步丈量了祖国高铁的十分之一，我骄傲"。说出这句话的那一刻，白芝勇的眼中满含激情。

有些记忆，终将被铭记

2019年6月的一天，白芝勇带领测量队员赶赴山东一个工地，就在动车组行驶到一座桥上时，同事和他相视而笑，虽然这些年，他们已乘坐过很多次自己测量过的高铁线路，但这里，让他终生难忘……

2008年的冬天，白芝勇和他的同事们在开展京沪高铁黄河桥的测量任务时，面对已经结冰的黄河，大家犯了难。仪器有十多公斤重，掉在河里怎么办？几个人一合计，决定把仪器平放在冰面上，人也跟着匍匐前进，一只手握着仪器，一只手使力前行。但是，白芝勇还是在冰薄的地方落了水。他从水里爬起来的样子，让他的同事至今难忘："双耳冻得全是血口子，裤腿上还结出了冰。"无奈，只能在岸上借老乡堆在田里的麦秸烤火。结果又遇到老乡拿他们当反面典型教育儿子，"你要是不好好读书，将来就得跟他们一样，再冷再热的天都得在外面吃苦干活。"

这一幕不止一次上演，那天，在烈日下测量，路边开小超市的老板招呼他们几个，"天这么热，休息一会儿，买瓶水解解渴。"

几个人买过水，老板拿出切好的西瓜请他们吃，大家正觉得这个老板人真不错时，想不到老板对他的儿子说："你看看他们，你要是不好好学习，整天打游戏，将来就跟他们一样，天再热也得在外面干活！"

被人当面当成教育孩子的反面典型，那一刻，吃进嘴里的西瓜不是味儿了。

可今非昔比，当熟悉的一幕再次重演，白芝勇的想法已经变了："现在听到这样的话，我心里很平静了。老乡这么说是因为他只看见我们工作辛苦，并没想到我们工作的意义，如果他想到他现在出门坐的高铁又快又舒适，想到他的货物之所以可以送到四面八方是因为道路四通八达了……如果他想到这些，我相信他一定不会再嘲笑我们了。更何况，正是因为有了千千万万这样吃苦的人，也包括他在内，我们国家才发展这么快。而这些衣衫破旧、灰头土脸的人中间，很多人在自己的工作中创造出了优异的成绩，他如果知道这些，应该让自己孩子向他们学习才对。"

也许就是这样的磨刀石，才成就了现在的我吧。白芝勇如是说。

白芝勇工作照

有些梦想，得靠坚持实现

这些年，白芝勇坚持苦练技艺，坚持创新，坚持成了他的必胜法宝。

在一次整体道床CP Ⅲ精密控制测量现场，无论他们怎么测，误差总是无法满足要求。

原因在哪儿呢？

一次次破案般寻找蛛丝马迹地检查设备，一次次绞尽脑汁地思考……终于，白芝勇注意到了一个被人忽视的细节：测量时必须使用的工具——对中杆，本身有5毫米的设计误差！

这时，有人提出来缩短对中杆，有人提出来重新设计对中杆，还有人提出来干脆不用对中杆。在多种思路中，最后大家都逐渐将意见集中在不用对中杆这一条上来了。因为不管是缩短还是改造，都必将对对中杆造成损伤，这样这件仪器以后可能在别的工作中就无法使用了。

方向明确了，办法很快就出来了。最后，白芝勇团队找到了一块50立方厘米的正方形铁块，将其中一个四分之一角切掉，并使切面整体平滑，然后在使用过程中将这个铁块卡在整体道床上。第一次检测，数据准确；再次检测，数据准确！

这个铁块后来被命名为"多功能底座模板精调棱镜适配器"，它巧妙地利用了固定模具稳定性的特点，克服了脚架误差较大、高铁精度较高的难题，为高铁的精准、快速提供了又一个基础保证。

弱光测量，要增加一两个人专门负责照手电。

对这种"历来如此"的事情，白芝勇却在琢磨，"天天做这个工作，能不能想个办法把它优化一下？"

一天晚上散步，他注意到摆地摊的小贩们都在使用低伏电压带动LED灯给商品照明，"如果在水准尺上使用LED灯，是不是就不用打手电了？"他一下茅塞顿开。

白芝勇工作照

"经常有同事跟我说，白劳模，你那个'照明尺子'真方便！我听了心里可满足了。"

这些年，白芝勇获得国家专利21项，科研成果5项，在省部以上刊物发表论文二十余篇，被授予"国家级技能大师工作室"。有时候，白芝勇会在心里有些遗憾地想，要是当年上学的时候学习英语能够像工作后那样刻苦，如果能上了大学，甚至读到硕士博士……现在又能研究出多少成果啊！

为了弥补之前的遗憾，只能加倍努力。

为了不让自己松懈，白芝勇自我加压，给自己制定了三个年度目标：

一是每年在省部级刊物发表两篇论文。

二是每年获得国家专利一到两项。

三是两年完成一到两个科研项目。

"一个人的价值在于奉献，为他人、为企业为社会做的贡献越多，人生的成就感和自豪感和幸福感也就越多。"

有些快乐，与你们共享

2017年7月，宝兰高铁建成通车，宝鸡人终于能在家门口坐上高铁了。

这些年来，白芝勇参与了祖国高铁1/10里程的工程精测，现在，他终于能带着从没有坐过高铁的媳妇和儿子体验一下乘坐高铁的舒适感受，让母子俩对自己工作增加一些感性认识了。

在宝鸡到通渭的高铁列车上，白芝勇一路给9岁的儿子讲解着高铁的情况，"这趟车的时速是200公里，坐在火车上这么平稳这么舒服，这是因为轨道非常平顺。爸爸的工作就是控制平顺度，把高铁修得又快又平顺。"

说着，他从口袋里拿出一枚5毛钱硬币，立在高速行驶的列车窗台上——小小硬币，纹丝不动。

看到这一幕，儿子脱口而出地叫了出来："爸爸，你太了不起啦！"

……

窗外，绿色田野飞驰而过。

如今，44岁的白芝勇正当壮年，由于常年在外奔波，他的眼睛沉静中略带着倦意，个头不高却健康敦实、言语不多却思路清晰，从21岁到中国中铁一局成为一名铁路建设工人开始，他历经二十余年的时间走遍了祖国的大江南北，从几十万铁军中的无名小卒成为中共十九大代表、"全国劳动模范"、首届央企楷模，享受国务院政府特殊津贴专家，拥有国家级"白芝勇技能大师工作室"……，用自己平凡的故事诉说着大工匠的精彩华章。

白芝勇简介

白芝勇，男，汉族，1978年8月出生，四川省巴中县人，中共党员，大学本科学历。1999年5月参加工作以来，先后在中铁一局五公司广深分公司、精密测量分公司从事工程测量工作，现为五公司测量工高级技师。

白芝勇先后被授予首届"央企楷模""中国建筑业年度人物""全国劳动模范""全国最美职工""中国质量工匠""新中国成立七十周年建筑工匠""庆祝中华人民共和国成立70周年'功勋工匠'""中央企业优秀共产党员"多项荣誉，曾当选为党的十九大代表。以他名字命名的"白芝勇技能大师工作室"，先后取得了国家专利21项、科研成果5项，在省部以上刊物发表论文二十余篇、完成工艺工法8项，被授予"国家级技能大师工作室""陕西省十佳职工创新工作室"称号。

三十二年机修人

——记中铁二局一公司电工 邓召益

初春时节，春寒料峭，在济南地铁施工现场却已如火如荼，一群新时代的建筑工人在各类机械的配合下，紧张有序地忙碌着，奏响了项目大干的战歌。来自贵州苗岭大山的邓召益正是他们中的典型代表，三十多年来，他"走南闯北"，在工作中时常废寝忘食，对待同事如"亲人"般温暖。无论是在外福铁路、南昆铁路、西康铁路，还是在秦沈客运专线和青藏铁路等一批国家重点建设项目中，他都留下了闪光的足迹，从一名学徒逐渐成长为中铁二局"先进生产（工作）者""劳动模范""优秀共产党员"，中国铁路工程总公司"劳动模范""全国五一劳动奖章""全国劳动模范"等多项荣誉的获得者。

参建南昆，崭露头角

南昆铁路所经地区地形极其险峻，地质极为复杂，被称为"地层博览""地下迷宫"。项目建设伊始，条件艰苦，山高路远，项目建设中缺少必要的机械设备，特别是起重机械。作为机械班班长，邓召益根据生活和工作中积累的经验，积极带领全班工人，通过反复试验，创造性地发明了"独脚扒杆""电动搅车"等简易设备，使得桥梁架设高度可达三十多米，为项目

邓召益工作照

的顺利施工提供了保障。这些设备在项目后期建设中一如既往地发挥了关键性作用，大大节约了人力、物力、财力。在整个项目施工期间，邓召益充分发挥"舍小家为大家"的奉献精神，为全身心投入到工作之中，极少回不远的家。邓召益的妻子比他小一岁，是个贤惠、通情达理的人，她知道丈夫的脾气，执着起来像头"牛"，也知道他干这一行的特殊性和重要性，她告诉丈夫，家里她会照料好，家里的田地也不会搁荒，宽慰他安心干好工作。邓召益没有了后顾之忧，冒雨巡检、酷暑实干，在整个施工现场常常留下他刻苦奋战的身影，功夫不负有心人，他的付出得到了各级认可，并荣获建设指挥部"先进个人"奖章。

参建西康，刻苦攻坚

西康铁路是中国桥隧比例较高且是当时在建铁路干线中科技含量最高的铁路，施工过程中过桥梁、穿隧道更成了家常便饭。众所周知，打桩机是桥墩施工中不可或缺的设备，而打桩机的机头更是很容易损坏，在当时，换一个机头约需两万元，为克服施工成本高、工期紧张等困难，作为机械班长的邓召益积极带领工人将高强度铁焊接到钻头上，延长了打桩机的使用寿命。与此同时，坚持每日巡检，面对高强度不停运转的设备，只有加强检查才能更好地了解设备的健康状况，提前清除故障隐患，以达到防患于未然。他坚持每天巡查每台设备的运转情况，检查设备运转有无异响，并根据每台设备的实际情况来开展维护保养工作，从而延长设备的使用寿命，降低生产维修成本，最大限度地提高了设备利用率。不仅如此，作为机械班长，他还主动带领工友利用书籍查询所属设备的相关资料，以尽可能了解和掌握它们的性能、安全规程和维修保养等方面的理论知识，在维修遇到困难时知难而进，绝不退缩，以"亮剑"精神为设备维护提供技术支持。

坚守秦沈，平凡中见证不凡

东方头条新闻曾这样评价秦沈客运专线："中国第一条标准意义上的高速铁路，是中国铁路步入高速化的起点"。作为该项目中的一名平凡的建设者，邓召益始终以平凡的姿态坚守在施工工地。工程前期，为了解决焊接钢筋搭接过长造成浪费，他带领机械班工友反复试验，积极创新，不断改进并提高了焊接工艺，缩短了搭接长度，虽然一个搭接接头看似节约不多，但"积土成山，聚沙成塔"，整个工程下来节约了不少的材料。那一年对邓召益而言是难以忘怀的，新春之际，为了来年更好复工，他主动请缨留守项目驻地，"北国风光，千里冰封，万里雪飘"，当时气温极低，积雪很深，高压电线和磁瓶总是有各种各样的问题，这两项是很大的安全隐患。所以为了更好地工作，他常常在深夜和工友冒险排查，有时候甚至连续工作二十多个小时未合眼。同年，家中有亲人离世，临终时也未能谋面，但邓召益及时调整心态，化悲伤为力量，带领着机械班的同事继续奋战在设备检修一线，为项目顺利施工提供了坚实的保障。

青藏高原，先锋树誉

　　青藏铁路被誉为"天路"，是世界上海拔最高、在冻土上路程最长的高原铁路，入选"全球百年工程"。项目建设初期，作为项目上押运物资的人员，邓召益无心去欣赏沿途秀丽的风光，一心想到的是怎么才能早日安全送达物资。白天，他要为松动的货物加固，晚上，仍放心不下车上的物资安全，经常起来查看。还记得第一次运送物资到达海拔四千多米的昆仑山时，呼吸困难、头痛、腹泻等高原反应全部袭来，身体的疼痛不断攻击着邓召益的心理防线，当看到个别工友选择离开的时候，他深知不能选择逃避，因为自己还有一个身份是"共产党员"，十多年参与铁路建设的经验使他坚信"没有过不了的火焰山"。

　　"一名党员就是一面旗帜"。在修建羊八井隧道时，一号隧道进口由于地质条件不好，岩层破碎、涌水量大而发生了坍方。当时隧道齐头上不断有石头哗哗地往下掉，如不及时处理，坍方将进一步扩大，后果不堪设想。正在休息的邓召益听说之后，立即翻身下床，拿起工具，带着机械班的同事扛着铁轨、钢管等治坍材料拼命地往隧道里冲，甘做最美"逆行者"。隧道抢险场地狭窄，切忌盲动，稍有不慎，后果不堪设想，这时讲究的就是胆大心细、经验丰富。冲在最前面的邓召益对身边的同事说："我是班长，听我的。"在隧道齐头处理坍方架设大管棚时，面对不时掉落的土石随时都有可能发生危险，但他泰然处之，坚持在掌子面战斗，凭着丰富的经验、过硬的本领，一次次化险为夷。

邓召益工作照

　　为了保证工程的安全质量，邓召益总是不"放心"，他坚持按时巡检，时常露宿野外，为缓解工友的工作压力和心理情绪，常常跟工友调侃："我们每天以路基为床板，拱顶当铺盖，这也是一种修身养性"。后期在隧道建设即将结束的时候，他因工负伤，躺在病床上对他来说是一种煎熬，内心无时无刻不牵挂着项目，常常通过电话咨询项目设备运行情况，后期伤情尚未痊愈便搭乘工程车辆奔赴施工一线，也因此被工友们调侃为"皮卡车里的奋战班长"。过程是艰苦的，但结果是美好的，工程最终按照要求，保质保量通过交验。2020年11月24日，邓召益在人民大会堂受到习近平等国家领导人的接见和表彰，这是对他数十年工作的最大肯定。

转战地铁，突破自我

　　2016年1月，根据公司安排，邓召益转战济南地铁。地铁施工对他而言是一个新的领域，作为多年的项目机械班长备受挑战，他没有安于现状，开始"横向"发展，尝试接触电工工种。接触新的工种就意味着新的开始，虽已过不惑之年，"活到老，学到老"的精髓依然在他身上展现得淋漓尽致，在以往的工作经验基础上，他通过书籍、网络等方式不断突破自我、提升自我。在新的岗位上，邓召益的工作压力明显增加不少，项目部驻地与施工现场分设两地，往来基本靠步行，由于同一条线路上施工单位较多，驻地及施工现场时常出现因电线挖断等问题导致断电的情况，因此就需要邓召益往来维修，为保障项目部驻地正常办公、现场施工顺利进行，他一直以来勤勤恳恳、无怨无悔，终日奔波在"两点一线"。虽在电工岗位，但是他并未忘记自己是多年的机械班长，每年的7月济南开始进入雨季，不论是白天的瓢泼大雨，还是夜晚的暴雨突袭，他都一直坚持在现场组织抽水机抽离基坑中的雨水，保障施工顺利进行，同时巡检各种设备的运行情况及现场电力装置的安全状况。11月的济南已经开始下起了大雪，邓召益依旧没有忘记自己的工作职责，无论是清晨还是夜晚，在低温的雪地里都有他留下的一串串清晰而坚实的脚印，巡检—维护—巡检—维护，日复一日，年复一年……

邓召益简介

邓召益，男，仡佬族，1969年10月出生，贵州贵阳人，中共党员，高级技师。1994年参加工作，曾在多个项目任职电工、钳工、焊工、机械班班长。

三十多年的工作中，无论是在外福铁路、南昆铁路、西康铁路、贵广高速公路，还是在秦沈客运专线青藏铁路、京津城际等一批国家重点建设项目，都留下了邓召益闪光的足迹。他创造性地发明了"独脚扒杆""电动搅车"等简易设备，使得桥梁架设高度可达三十多米，为项目的顺利施工提供了保障。他曾获中铁二局"先进生产（工作）者""劳动模范""优秀共产党员""中国中铁劳动模范""全国五一劳动奖章""全国劳动模范"等多项荣誉称号。

机械维修"巧"工匠

——记中铁四局二公司机械分公司经理助理 裴维勇

裴维勇，安徽阜阳人，现任中铁四局二公司机械分公司经理助理兼铁伊铁路经理部混凝土集中供应中心负责人。2020年11月24日，那是一个让裴维勇一生都忘不了的日子，就像做梦一样，至今都让他感到印象深刻。因为这一天，是他第一次去北京，第一次走进人民大会堂，在一场盛大的表彰大会上被授予"全国劳动模范"荣誉称号。

在裴维勇的职业生涯中，有两位引路人对他影响很大。一位是他的父亲。1985年，裴维勇参加工作第一天，当时年年是队里、段里老先进的父亲

裴维勇工作照

就勉励他说："好好干，不能给我丢脸"，这也是裴维勇在内心深处一直坚守的信念；另一位便是他的老班长——中铁四局劳模吴长佩。有次在颖河大桥施工中，工地缆索吊行走小车被卡在河面，河面水流湍急，河下暗流汹涌。但他的老班长却坚定地说："这活危险，我先上"。于是老班长立马带头攀爬上吊篮，经过一番努力，解除了风险。这两位引路人的言传身教，让他深深感受到中铁人应有的责任和担当，并在心中暗下决心：要学好技术，练好本领，不怕困难，不怕吃苦，像他们一样争当劳模先进。

向工地"拦路虎"宣战

每隔10分钟左右，裴维勇就会甩一下脖子，隐隐约约还能听到"吱"的一声。"不好意思，我开了25年的吊车，颈椎落下了职业病。"裴维勇红着脸说。

哪里交通最不方便，哪里就有筑路人的身影，哪里条件最艰苦，哪里就会留下筑路人的足迹。风雨兼程、四海为家，裴维勇就是筑路人的代表。

当时，记者见到了行色匆匆的裴维勇，他刚刚订好去四川大凉山的车票，当天连夜就要出发赶到那里的工地上。

黑黑的脸庞，瘦小的身板，一笑起来脸上的皱纹深一道浅一道。说起不久前在北京接受表彰，不善言辞的裴维勇打开了"话匣子"。"从小我就向往天安门和人民大会堂，接受表彰的前一天，我激动得睡不着。"裴维勇说。

对于裴维勇来说，因为激动而睡不着是头一次，平时都是因为各种各样的施工难题而睡不着。

2006年，在银川太中银铁路黄河特大桥基础工地上流沙成了阻碍施工进度、影响施工安全的"拦路虎"。裴维勇看在眼里、急在心上，他吃不下、睡不着，一天到晚都在动脑筋。他跑遍临近工地，观摩别人的施工方法，了解问题产生的原因，再翻阅对比专业书籍，最终设计出钢板架，将原来需要两台吊车的钢板桩减少到一台，降低了大型设备集聚带来的安全风险，提高了施工效率。

在施工遇到"拦路虎"时，裴维勇用行动"宣战"，勤于思考，出计献策，是大伙心中的"定海神针"。

2009年8月，杭州东站扩建工程开工，负责钢筋笼吊装作业的裴维勇发现27米的钢筋笼分2节单钩吊装钢筋笼很容易变形，有时还会彻底报废。他仔细研究，最后建议改成3节，用吊车大小吊钩配合的方法吊装。方案实施后，不仅解决了原来吊装方式存在的质量隐患问题，还加快了钢筋笼安装速度，合格率达到100%、优良率达到98%，节省约200万元的人工费用。

一座座穿越崇山峻岭的隧道，一架架飞跨大江大河的桥梁，凝聚着裴维勇的汗水和智慧。他的足迹遍布祖国大江南北，35年来转战27个大大小小的工地。踏实、靠谱、聪明、能干……这样的"标签"一直伴随着他人生的每一步，先后荣获中铁四局"十大能工巧匠"，中铁四局二公司"十大标兵""先进工作者""优秀党员"等称号。他和同事们一起攻克了二十余项技术难题，推广先进操作法十余项，"高稳定性的双斜塔式斜拉桥""新型螺旋式洗石机"荣获国家实用新型专利。

永远不能躺在功劳簿上

"只有时时刻刻绷紧学习这根弦，才能不被时代淘汰，不拖工作后腿。"裴维勇说。面对中国基建迎来新一轮现代化改造升级，信息化、智能化被广泛应用到行业各环节，年过半百的裴维勇也面临着考验。

裴维勇工作照

　　裴维勇没有一丝懈怠，他利用工作间隙的每一分钟全身心扑到知识能力的更新上。别人休息时，他在钻研专业书籍；别人娱乐时，他在总结分析记录；别人知其然，他早就其知所以然……有时为了一个难题竟忘了吃饭睡觉，这种坚持与不懈努力，练就了他对各种疑难杂症"一针见血"的本领。

　　2016年，裴维勇作为骨干力量被调到重庆涪秀二线铁路项目工地。这个项目是中国中铁股份公司I级管理的高风险重难点项目。为抢在春节前完成管段内8座搅拌站建设任务，裴维勇扎在施工现场。没有自来水、吃不上热饭，他和工友们喝凉水、啃干粮；山路陡、不通车，他和工友们24小时连轴转。在施工现场，吊车挖机作业时一不小心就会侵入既有线范围，造成安全隐患。环保施工要在"螺蛳壳里做道场"，裴维勇自制一个限位开关，限制吊车挖机的旋转幅度取得了良好效果，很快被业主在全线推广使用。

　　在负责织毕铁路搅拌站工作中，裴维勇经常跟在前来调试的工作人员后面，耐心看、详细问，把每一个环节、每一处响应机制都搞清楚、弄明白，回来再反复琢磨。很快，他就系统掌握了搅拌站信息化运行的原理，不但能够循着原理减少和避免报警次数，还带领其他管理人员对信息化条件下搅拌设备的各处响应部位进行优化改造。

身在荒郊野外，心却从不孤独。"每天超越自我一点点，永远不能躺在功劳簿上，这是我对自己的要求。"裴维勇说。学习让他格外充实，钻研让他充满干劲。他对涪秀、哈牡、玉磨等铁路项目的搅拌站不断进行小改小革，提升了称量系统的精度，延长了搅拌站皮带输送系统的使用寿命，提高了混凝土的质量和稳定性，减少了搅拌站的噪音污染。

2021年10月份，地处黑龙江境内的铁伊铁路项目刚中标，裴维勇就被委派过去建搅拌站，此时的东北大地已是一派寒冬景象，气温逐渐走低。建第一个站仅用了20天，各项施工都比较顺利。建第二个站时，由于土地批复延期，获得施工许可已经是11月中下旬，此时室外气温已经骤降至零下10度，很多工友们心理打起了退堂鼓。裴维勇见状立即召开了动员会，说道："咱们四局是沐浴着抗美援朝的战火，一路成长、发展、壮大起来的，如今又在新时代投身到东北铁路建设的大军中，大家想想以前的革命先烈是如何克服恶劣环境奋勇杀敌的，我们现在的条件已经好上百倍不止，怎么能打退堂鼓呢？何况只要你们提出合理的条件，我都答应"。终于在裴维勇苦口婆心的劝说下，参与建站全员都留下了，有力推动了第二个搅拌站的顺利建设，仅用25天就完成了建站任务，生动践行了四局人的争先文化。

没有大家哪来小家

裴维勇是名"铁二代"，他的父亲也是一名铁路工人，多次被单位评为先进个人，一辈子都奉献在铁路上。

1985年，19岁的裴维勇来到中铁四局二处四段二队当上一名起重工。

"上班第一天，父亲很严肃地跟我说，工作要争先进，在事业上要超过他。"裴维勇回忆说。

裴维勇一直视父亲为榜样，把他的殷殷嘱咐装在心里。他不怕吃苦，脏活、累活抢着干，认真向老师傅请教技术。不到3个月，他的起重工技术掌握得游刃有余。第二年，他被推荐参加测量培训，岗位也由起重工变为测量工。

"到了测量岗位上，遇到我的师傅刘茂兵。他手把手真传，教我怎样分析处理现场问题，使我受益终生。"裴维勇感慨地说。

遇到刘师傅是裴维勇的"福分"，而他也立志成为更多人的好师傅。一路走来，裴维勇完成了从"拜师学艺"到"带徒授业"的角色转换。现如今，他把很多精力用在徒弟身上，把他们当作自己的孩子。通过劳模创新工作室平台培养了二十余名青年技师及高技能人才，很多徒弟担任项目总工程师、工程部长等职务。2019年，裴维勇劳模创新工作室被中国中铁工会授予"五星级劳模"创新工作室。

南征北战三十五年，在家休假总共不足两年。女儿3岁时都没有见过爸爸，他一回家女儿就躲着他，总是问妈妈为什么这位叔叔要吃咱家的饭。女儿长大结婚那天，他在工地上赶工期，只能在电话里祝福女儿女婿。老父亲突然离世时，正赶上了施工的紧要关头，他强忍泪水坚守岗位，没有给老父亲送终……

对家人的愧疚，让裴维勇更珍惜在家休假的每分每秒。只要一进家门，扫地拖地、爬高上梯、里里外外都是他忙碌的身影；看到女儿儿子，手里抱一个，肩头扛一个，带他们到处逛、天天玩。"我很想能天天陪着他们，看着他们长大，但是没有大家哪有小家，我们筑路人过的是集体生活，建的是百年大业工程。"裴维勇说。

高原筑路，深山架桥，裴维勇的脚步从不停歇。从起重工到测量工，再到搅拌站站长，裴维勇的岗位几经变化，但是攻坚克难的钻研和默默奉献的坚守从未改变。

裴维勇简介

裴维勇，男，汉族，1965年5月出生，中国共产党党员，安徽省宿州市人，毕业于哈尔滨理工学院。1996年至2000年在中铁四局二处四段任汽车班工人，2000年至今在中铁四局二公司机械分公司先后任汽车班工人、技师，汽车吊司机、高级技师，项目队长、特级技师，经理助理、特级技师。曾获"全国劳动模范"、中央企业劳动模范、中国中铁劳模，江苏省"首席技师""高技能突出人才"等荣誉。

裴维勇参加工作后，先后参与京九、武广、玉磨、涪秀等重点铁路工程建设，通过不断学习钻研、探索实践，攻克技术难题二十余项，推广先进操作法十余项，主持研发的《新型螺旋式洗石机》等创新发明获国家实用新型专利，成为国家基础设施建设领域的高技能人才。

做一颗修路架桥的"螺丝钉"

——记中铁五局二公司湖杭高铁项目部西湖梁场场长张　成

11375——11375天，是入路31年的他书写的奋斗轨迹；

4767——4767米，是他在世界海拔最高的青藏铁路大写的人生高度；

3759——3759余片，是他在中国高铁梁场浇筑出的箱梁战绩；

2280——2280万元，是他运用创新工作室成果为企业节约的成本；

28——28项，是以他为首的创新工作室取得的创新成果；

4——4项，是他创造的中国高铁梁场建设4项纪录；

1——一生，是他从未停下奉献的脚步……

他就是"全国劳动模范"，中铁五局二公司湖杭高铁项目部西湖梁场场长张成。

根正苗红的"铁二代"

张成是一名根正苗红的"铁二代"。他的老家在四川省中江县，父亲是中铁五局二公司的一名老铁路工人，被人称为"铁一代"。

1986年，张成到父亲工作的衡广复线湖南郴州马田火车站探亲，父亲黝黑的脊背在铁路线上挥洒汗水的高大身影深深地烙印在了他的心里。在他

张成工作照（左二）

的印象里，父亲响应毛主席的号召，参加祖国铁路建设事业当"开路先锋"，倍受老百姓尊敬，是他心目中"最可爱的人"。

6年后的1992年，怀着对父亲工作的敬仰和"为国修路、为民造福"的热忱，张成正式成为了"铁军"的一员，成为了"铁二代"。

对他而言，建桥修路是梦想，也是对父亲工作的一种传承。

1996年，张成被调往渝广高速公路项目部担任施工员。进场的第一个任务便是过水渡桥的施工，期限是一个月。这对于一个老练的施工员来说也是一个不小的挑战，而张成这个新手偏偏只用了26天便顺利完成了任务，这不禁让众人对这个小伙子刮目相看。

1998年6月，张成被调往株六复线。进场之初缺乏机械设备和工具，为抢修便道，张成带领手下的两个工班在当地老乡家里借了铁铲和锄头，连夜奋战。持续4天后，他的十指肿得像萝卜，多处开裂流血。被指挥长曹贡新见到，一把拉过他，又爱又恨地说道："张成，你个黑老粗，活要干，但也要注意身体，你赶紧给我养伤去。"并马上从其他工点调了一台挖掘机过来帮助施工。当天晚上，曹贡兴再次查看现场时，却发现手上包了纱布的张成还在工地上。

在进入主体施工后，张成主要负责新马拉特大桥施工，他每天坚守在施工现场，严格监控并积极指导施工，及时协调处理相关问题，确保了各项任务的完成。也正是因为这样，新马拉特大桥被评为2002年铁道部优质工程。

主动请战上"昆仑"

2001年，举世瞩目的青藏铁路开工建设，张成主动请战。前往青藏铁路那天，他往家里打了一个电话，仅仅说了一句话："妈，我去格尔木报到去了，不要担心。"

对年迈的母亲来说，格尔木这三个字是陌生的，在哪儿，意味着什么，全然不知。后来经过打听才知道，格尔木在祖国的大西北，距离自己两千余公里，儿子是上了高原，去建设世界海拔最高、难度最大的铁路去了。后来母亲打来电话一再叮嘱："你是去为国家做贡献，就一定要把工作做好。"没说几句，又忍不住抹起了眼泪。

张成只好安慰母亲："我是在山下工作，这儿氧气很足，风景也好，妈您大可放心。"实际上呢，张成所在的昆仑山口海拔4767米，高寒、低氧、大风、冰雪交织，最低气温零下四十多度，含氧量仅为内地的50%，被称为人类生命的禁区。每每说起对母亲的善意谎言，张成都深抱愧疚："这是唯一一次我骗了母亲，我不孝，我常年不在她身边，还害她老为我担心。"年近半百的沧桑汉子竟眼角含泪。

报到第一天，张成作为领工员去熟悉管段，从昆仑沟到南坡特大桥，4.6

公里长的工地他足足走了3个小时。

"头痛，喘不过气来，眼睛冒金星，两腿像灌了铅一样。"回到项目部后，张成就打起了吊瓶。

为了尽快适应高原环境，他拖着十分不适的身体每天沿着工地走几圈，他笑称是"亲近环境"。一周后，他逐渐适应了高原反应，便主动承揽下了管段内四座大桥中三座的施工管理任务。

为了方便三座桥的协调，他经常披着一件军大衣，别着两个对讲机，工地上每天他最早到场，最晚离场。施工员王德坤和他同一寝室，"老张一周能有三四天回来睡就不错了，回来也无声无息的，根本就不知道。"2003年，张成主管的这三座桥因内实外美、质量过硬，被中铁五局评为样板工程。

高铁梁场"张教授"

从一无所知到成为同事们口中的高铁梁场"张教授"，他用了8年时间。

2006年至2014年，张成相继在武广高铁、京沪高铁和成绵乐客运专线担任制梁作业队领工员、副队长。而在京沪高铁建设中，公司首次进入900吨箱梁的施工，一切无经验可循。

强烈的责任感激发了张成的求知欲，他边学边干，坚持"走出去，请进来"，先后13次带领技术干部到沿线制梁场观摩学习，一天一次技术探讨座谈会。每天夜里，他独自啃书本，并写满了厚厚的6本学习笔记，逐步摸索出一套适合自己的施工方法及管理方式。在他的带领下，京沪梁场管理越来越规范，工序衔接、进度质量等屡获好评，被评为京沪公司首批"绿牌"，生产出的梁体外观光洁、质量过硬，深得各级领导的称赞。

2009年，张成上任成绵乐客专德阳梁场副队长。针对生产受制于人员流动这一"老大难"问题，他创造性地开展了"随到随培"与"三层培训"相结合的工厂化培训模式，并指导技术人员精心编制了《制梁手册》，对制梁工序进行了流水肢解、纵向指导，有效加强了梁场的"工厂化"管理。2009年，德阳制梁场被成绵乐铁路公司授予唯一一家"先进制梁场"荣誉称号。2010年2月8日，德阳制梁场以90.2分的全线最高分顺利通过国家铁路产品生产许可证认证。

2014年7月，公司上马国家重点工程京沈客专，张成被派往朝阳梁场担任副队长。跑步进场的他们却面临一个巨大的难题：梁场选址四周全是良田，金黄色的玉米染透了天际，老百姓们都不愿意糟蹋了一年的劳动果实。

"地要征，老乡的粮食也要收，一样都不能少。"张成带着梁场的职工亲自下田为老乡们收玉米，两腿被秸秆叶割得伤痕累累，这一举动打动了老乡们，使得征地进展变得顺利。而此时，张成就像上足发条的钟表一样，从早

张成工作照（右一）

到晚来往穿梭于工地，施工进度迅速推进。

通过大家的努力，两项中国高铁梁场纪录被刷新：从7月21日场地平整，到8月8日拌合站通过验收并生产第一批混凝土，只用了18天时间，创造了中国高铁梁场纪录；到8月22日，场地建设全部完成，前后仅花了32天，再次创造了中国高铁梁场建设纪录。

验收当天，京沈客专辽宁公司总经理田利民对张成赞誉有加："劳模办事就是靠谱。"

争做创新的"开路先锋"

张成充分发挥劳模在企业创新驱动、转型发展中的示范引领和骨干带头作用，为企业注入科技动力。

带着责任与使命，2015年6月12日，由张成和6名管理技术干部、1名劳务工共同组建的中铁五局首家劳模创新工作室——"全国劳模张成创新工作室"在中铁五局二公司京沈客专项目部朝阳梁场应运而生。

张成就和工作室的成员们一起发挥聪明才智，紧紧围绕施工生产搞技术革新，提高施工中的技术支撑，先后研发出箱梁橡胶抽拔棒穿管机、自动喷淋养护机等新设备。

"有的人是用力气干活，有的人是用脑袋干活。"2015年8月23日，中铁五局总经理张回家在观看了二公司"张成劳模工作室"后给予充分肯定和高度赞扬。

2016年，张成转战二公司济青高铁临淄梁场，"全国劳模张成创新工作室"也在济青高铁继续绽放光芒。张成带领的创新团队一举拿下了钢筋整体吊装模架、接触网定位工装等5项创新成果，其中两项已被受理国家发明专利申请，累计创造经济效益一百六十多万元。济青高铁临淄梁场也创造了55天通过国家认证、103天架设第一榀箱梁的全国高铁梁场施工两项纪录。

2016年7月15日，股份公司工会主席刘建媛为荣获贵州省总工会"劳模创新工作室"的"全国劳模张成创新工作室"授牌时，盛赞道："张成创新工作室取得的成绩很显著，创新团队层次也很全面，是一个有思想、有计划、有目标、有团队、有制度、有保障、有体系、有成果的'八有'工作室。"

据统计，自"全国劳模张成创新工作室"成立以来，已累计取得创新成果28项，累计为企业节约成本2280万元。

吹尽黄沙始见金

2015年4月28日，庄严的人民大会堂迎来了全国各行各业的2968名时代骄子，当中共中央政治局常委、中央书记处书记刘云山在宣读表彰"全国劳动模范"名单念到张成的名字时，这一刻的荣誉是属于张成的，更是属于整个中铁五局的。多年的努力，在这一刻化做了一块沉甸甸的奖牌；多年的坚持，在这一刻化做了无声的歌颂；英雄无泪，掷地有声。

循着英雄的足迹，聆听高飞的故事。

他朴实得就像一块筑路石，用勤劳的双手，誓让天堑变通途；他沉稳得就如一条铁轨，满载责任与使命，风雨兼程31载，滚滚向前。他先后担任质检员、施工员、领工员、制梁作业队副队长、队长，先后参加了达成铁路、株六复线、青藏铁路、武广高铁、京沪高铁、成绵乐客专、唐津高速公路、京沈客专、济青高铁、银西高铁、湖杭高铁等数十项国家重点工程的建设。

31年来，张成转战于祖国的东西南北，平均每年300天以上坚守在施工一线，20个春节在工地上度过，用勤劳、朴实、奉献书写着自己的青春和价值。他多次荣获建设单位和公司授予的先进个人称号，2003年被评为青海省劳动模范，2006年7月1日，张成受邀参加青藏铁路通车庆祝大典，并受到胡锦涛总书记亲切接见。2015年4月，他获得个人最高荣誉"全国劳动模范"，站在了人生的巅峰。

31年的奋斗，他用行动践行着自己的人生格言：做一颗修路架桥的"螺丝钉"！

张成简介

张成，男，汉族，1966年8月出生，中共党员，四川中江人，初中学历，"全国劳动模范"，青海省劳动模范，现任中铁五局二公司湖杭高铁项目部西湖梁场场长。

张成三十一年如一日，始终坚持战斗在中国铁路建设一线，先后参与了达成铁路、株六复线、青藏铁路、武广高铁、京沪高铁、成绵乐客专、济青高铁、京沈高铁、湖杭铁路等重点工程的建设，以其名字命名的"全国劳模张成创新工作室"是中铁五局首家劳模创新工作室，并荣获贵州省总工会"劳模创新工作室"，先后取得创新成果28项，为企业节约成本两千两百八十余万元，并创造了全国高铁建设梁场建设4项新纪录。

不断超越自我的追梦人

——记中铁六局丰桥公司运架一分部经理　李建学

他从一名农民工起步，只有中专学历却一路逆袭，成为了工友口中的"专家"；工作中他兢兢业业、一丝不苟，年复一年日复一日地刻苦钻研让他逐渐走上领导岗位；生活中他和蔼可亲，平易近人，经常和身边人打成一片，是大家口中的"老大哥"。他就是中国中铁"开路先锋"卓越人物，丰桥公司宣城分公司党支部书记李建学。

从"门外汉"到"技术通"

2008年，李建学从铁路技校毕业，豪情满志地来到了中铁六局铺架分公司，被分配到架梁施工中一个最基础的岗位，很多人认为对于这项工作不用费心也不用费脑，有把力气就够了。可李建学却不这么认为，他觉得："文凭低文化不能低，起点低要求不能低，在现场干活就要学知识、长本领，闯出一番天地来。"那时的他就暗自下定决心要苦学架梁施工技术，在这个岗位上闯出自己的一片天地。

初到工地，一切既新鲜又陌生，师傅手里的施工图纸在他眼里就像是"天书"，眼前的一切让他感觉自己就是一个"门外汉"。但这并没有打消他的积极性，反而成为他追梦的动力。"不懂就要学，不会就要问。"李建学自

李建学工作照（左一）

嘲道："笨鸟就要先飞。"从此他开启了实践学习之路。为了尽快熟悉工作，他整天围在师傅身边，工作中，他勤学好问，生活里，他刻苦钻研，遇到不懂的东西随问随记，下班后再对照书籍自学研究。

刚入行的时候还年轻，李建学利用业余时间学习就少了很多社交。有朋友劝他，"反正你这个活也用不着脑子，也没什么发展，还学什么呢，不如多出去玩玩。"还有一些人，偶尔碰到李建学拿着图纸钻研很不以为然，觉得他也"学不出个啥"。

李建学反而乐在其中。"不出去玩嘛，省钱。那时候我们的生活都很简单，每天除了上班吃饭就是下班学习，有时候出去遛弯，看看书看看电视，也挺好。"

"而且最重要的是，"李建学补充道，"每次学到新东西的时候，都很有成就感。尤其是第二天第三天，发现之前看不懂的图纸能看懂点了，是真的很高兴，后面学习就更有劲儿了。"

通过刻苦钻研，他仅用了3个月就掌握了平常人要花1到2年时间才能掌握的架桥机维修、组装和拆解技术。"那时候在单位还是很风光的。"李建学笑说，"同事和领导们都知道，新来的小李挺不错，学东西快，我也有了越来越多的接触新技术新东西的机会。"

短短几年时间，他边施工边学习，记了三十多本笔记，撰写心得体会六十多万字，从一个初入项目部的"门外汉"成了地地道道的"技术通"。

从"因循守旧"到"推陈出新"

经过大量的学习实践，李建学对工作越来越得心应手。渐渐的，每次遇到工作中的磕绊困难，他都会尝试进行工具革新和流程改良。

在一次项目中，他发现工程运梁经常发生钢丝绳脱落的问题，大大降低了工作效率。他觉得应该要解决这个问题，但是一时也不知道从何下手。他研究了几天，查了很多资料，打了好几个电话向师傅们咨询，最后设计了一个防脱绳棘爪，装在了车吊梁扁担上。工友试了试，非常惊喜："从此运梁再也不用担心钢丝绳脱落了！老李你真行！"李建学回答："我们做的是粗活，但需要把粗活做细。"

在桥梁施工中，李建学发现每架设一孔梁都需要6个小时对架桥机1号柱进行倒镐过孔。他问同事们："能不能缩短倒镐的时间？"

大家都愣住了，因为没人注意过这样的问题。有的同事说："这么多年都是这么干的，有什么可改的？"

闻言，李建学没说话，只是看了看架桥机。

过几天，他提出用夯车起吊过孔代替原来的方法。大家一试，过孔时间整整缩短了2个小时。

时间长了，同事们发现李建学总是有新主意，纷纷向他请教秘诀。"人们总以为常规的东西就是合理的，因而没想着去改变它。起初，我也没想过倒镐过孔有什么不好，是紧张的工期逼着我这么做的。"李建学说。

有时候，我们不是缺少创新，只是缺少发现问题的观察。有了李建学的带动，许多工友和同事们也开始推陈出新，项目部不断有新点子涌现，形成了改良上进的好风气。

"问渠那得清如许？为有源头活水来"，创新的基础是熟悉。多年的学习和操作经验让李建学对施工状况和各种工作方法了如指掌，才能够对流程和技术都有所创新。凭着对设备、工况的了解，他打破了一个又一个常规，让一道道死板的工序活了起来，使一项项粗笨的操作变得更加精细。他发明的"电机定时反转法"和"间断开启升温法"成功破解了液压油在低温环境中

李建学工作照

施工堵塞溢流阀，进而造成液压系统失压、制动失控的难题。他提出的"无轨组装架桥机法"在古大线、石家庄货迁、北同蒲增建四线等重点工程均取得成功。目前，这类创新已经有二十余项。

从"单打独斗"到"团队出征"

有人说李建学带着农村人的质朴，是个苦干实干的人，也有人说他勤学好问、善于思考，是个巧干会干的人，李建学认为："再能干也不能单打独斗地干，发挥团队的力量才是真理。"

他在项目部组建了学习小组，一有时间便组织身边的90后学习安全技术知识，研讨架梁和小改小革方案，毫不保留地将自己学习和总结的架桥机施工经验、电气焊技术等知识传授给项目部的所有人，带领大家一起学习，共同提高。

"师傅是个热心人，现场技术手把手地教，理论知识点对点地讲，生怕我们学不会。"已经参加工作3年的徒弟说，"现在我是架桥机的指挥，虽然自己可以独当一面，但我还是喜欢跟着师傅干活，跟着他我心里踏实。"李建学希望身边的工友都能尽快地成长起来，都变成懂业务、精技术的施工能手，那样就都可以独当一面了。

"我刚入行的时候自己学习，也少不了跟我的师傅和同事、工友们请教。那时候条件有限，不像现在线上线下沟通都这么方便，所以我很理解年轻人的难处。"李建学说，"我会的，能教的，我都会教。年轻人成长起来，我们的团队才能越走越好，行业、国家才能有发展。"

集团公司划拨了专项经费成立了"李建学劳模创新工作室"。从此，他更是毫不保留地将自己学习和总结的架桥技术经验传授给工友们，一起研讨技术革新方案，攻克施工生产难题，在他的组织带领下，"李建学劳模创新工作室"共攻克了18项施工生产难题，为企业节省了近32万元的施工经费。在李建学眼里，这群年轻人就是企业未来的希望，让他们成长才是自己最大的心愿。

新冠肺炎疫情期间，有些学习小组成员隔离在家，为了帮助同事们居家能够安排好工作和学习的时间，同时也为了改善心情、稳定军心，李建学牵头，把学习小组的形式从线下带到了线上。他跟项目部的小年轻全部安装公司内部APP——中铁e通，利用线上平台带领大家每天读书、学习打卡，阅读由小组人员推荐的文章，每周进行一次读书、观影分享会，邀请同事们分享学习心得。学习小组的阅读面覆盖党建指导、名人传记、工作规范、工程案例等多方面，每当公司的重要会议召开之后，还会组织大家学习贯彻股份公司、集团公司系列会议精神，从世界观和方法论的多个层面帮助同事们在"战疫"期间"充电"，为复工复产和以后的职业生涯做好精神和技能准备。

"幸好有师傅带着我们这帮小年轻每天打卡学习，这下不用担心每天浪费时间了。"学习小组的年轻人说，在家里经常过于放松，跟着师傅读书学习缓解了焦虑，居家也能很充实。

谁说平凡的岗位就意味着平凡的一生？谁说出身和学历就决定了职业的一切？李建学的经历给了我们答案。一路追梦，从一名农民工成长为全国劳模，用信念和意志叩开了梦想殿堂之门，李建学付出了比常人更多的努力，而他也在用自己的实际行动感染并影响着身边人：以梦为马，不负韶华；青春无悔，筑梦远方。

李建学简介

李建学，男，汉族，1988年2月出生，中共党员，河南省鹿邑县人，毕业于石家庄铁道大学土木工程专业，现担任中铁六局丰桥公司运架一分公司经理，2015年4月荣获"全国劳动模范"称号。

李建学2008年12月参加工作，先后参与京广高铁、石家庄货迁、广昆铁路、成昆铁路复线、九景衢铁路、商合杭高铁、宣绩铁路等国家重点工程。他精确测算出曲线偏支1#柱的距离，改变了DJ180架桥机曲线架梁无数据支持的历史；提出并进行了增加机臂长度达到架设40米公路梁的创意和革新；创造了"间断开启升温法"，减少了架桥机停机现象；发明了架桥机无轨道组装，使架桥机的转场由5天缩短至3天。"李建学工作室"共攻克了18项施工生产难题，为企业节省了近32万元的施工经费。

劳动托举梦想　奋斗书写华章

——记中铁大桥局二公司测绘分公司党支部书记　秦环兵

秦环兵是中铁大桥局二公司测量工匠技师。32年来，他专注测量事业，在荒地江面上测出桥址；他南征北战、四海为家，作架桥筑路的开路先锋；他追求卓越、创新创效，当测量工匠的劳动楷模；他有着坚如磐石的信心、只争朝夕的劲头和坚忍不拔的意志，用行动发扬着"工匠精神"，用汗水诠释着当代工匠的职业情怀、执着与担当。

不畏艰难锤炼工匠本色

"劳动最光荣、劳动最崇高、劳动最伟大、劳动最美丽。"在中俄边境曾有一支测量队，他们在零下30摄氏度的寒风中，在齐腰深的积雪上匍匐前行，测量桥址。2013年11月，同江中俄铁路大桥即将开工建设，这里不仅是水电不通的蛮荒之地，而且积雪齐腰深。当年夏季还遭遇了特大洪水，设计院原有的测量点早已被洪水冲得找不到了，仅剩的几个测量点还被隐藏在积雪之下。齐腰深的冰雪覆盖着随时塌陷的沼泽，无路可走。

"气温太低，人和仪器都受不了，难以保证测量精度""再等2个月吧，等天气转好再测"……不少施工人员有畏难情绪。秦环兵是带队人，清楚地

秦环兵工作照（左一）

知道整个大桥工期只有3年，不但时间紧迫，而且新情况多，拖一天就增加一分不确定因素。"我们是工程施工的'先行官'，先行官就不能拖后腿。进场，开工！"

一声令下，同江近2公里的冰封江面上，浑身裹得严严实实的工程测量人员拉开了施工序幕。秦环兵带领队员在这无路的冰天雪地"爬"出一条"雪路"。在放样桥位中桩时，现场积雪深到只能靠挪动前行，为了提高行走速度，秦环兵和队员们不得不俯下上半身，几乎在雪面上匍匐"爬行"。厚厚的积雪下有可能是水坑，一次秦环兵一不小心陷进了水里，积雪竟淹没了他的头顶，队员们使劲拉着他的胳膊，才救了他的命。作业的地方荒无人烟，为了节约时间，测量队中午只吃些带的干粮。他们包里背的水早已结成了冰，经常啃着冻得硬邦邦的面包，再抓一把积雪咽下去。

操作仪器时不能戴手套，用不了几分钟手就冻得不听使唤，没几天就生了冻疮。看仪器时，秦环兵自己呼吸出的热气把眼睫毛和仪器镜子冻在了一起，队员们用哈气才帮他化开。

　　在长达2个月的测量作业时间里，秦环兵带领队员们按照勘测计划，从中俄边界的大桥起点处开始，沿着16.7公里长的工程路线，相继穿越了长达1.8公里的冰封江面，由北向南一段段地跑尺、转点、凿冰、插旗、测水深和测断面，风雪多大都不停歇，平均每天来回走4.5公里。

　　由于测量工作在冬季就完成了，为春季掀起大干奠定了基础。连和我们共同建设中俄同江铁路大桥的俄国人都竖起大拇指赞道："МОЛОДЕЦ!（太棒了！）中国工匠勤劳！了不起！"

创新创效发扬工匠精神

　　党的十八大以来，我国大力实施制造强国战略，迎来了从"制造大国"向"制造强国"的历史性跨越。习近平总书记在中铁工程装备集团考察时提出"三个转变"的重要指示，即"推动中国制造向中国创造转变、中国速度

秦环兵工作照

向中国质量转变、中国产品向中国品牌转变"。"中国桥梁"已经像一张名片走向世界，桥梁建设技术水平创下诸多世界第一。测量工作在桥梁建设中举足轻重，是一项技术活，不能"失之毫厘"！秦环兵作为新时代工匠中的一员，不断在平凡岗位上提高理论水平，并取得了武汉理工大学的本科学历。用理论知识指导实践，在实践中探索更好的方法。

在芜湖长江大桥建设中，大家测量主塔索道管都是白天闲着晚上测。为什么呢？因为白天温差大，热胀冷缩就会产生较大的误差。大家形成了习惯性思维，谁也没想过通过什么办法能够在白天测量。秦环兵却动上了脑筋。经过反复测算，他在理论数据中添加了不同温度下实际偏位量的数据，用"以偏就偏"的方法解决了白天不能进行测量作业的问题。

2014年，在同江中俄铁路大桥的建设中，由于台座打得很低，底模到地面只有二十多厘米，有时台座还躲在模板下。要测量台座沉降，普通的水准仪很不方便测量。于是秦环兵对水准仪的脚架进行了改造，做了小型的脚架，更方便测量低矮的台座。但是这样，测量员还是要趴在地上，秦环兵又安装了拐弯的目镜，这个学名叫"弯管目镜"，这样通过折射原理就可以轻松读数了。

同江的冬天温度极低，一般可达到−20℃~−30℃，在这种极寒的条件下，全站仪都给冻坏了，变得不灵敏。一开始，大家在全站仪边上生火，但是火焰的温度会损坏全站仪这样精密的仪器。秦环兵苦思冥想，终于想出了好办法。他将暖宝宝敷在仪器上，再给仪器穿上有夹层的"衣服"，这样全站仪就再也不怕冷了。

2017年，他参加了芜湖轨道交通建设。该项目轨道梁设计比较特殊，30%的轨道梁是曲线型的，不能批量生产。而且轨道梁各项技术参数的允许误差必须要求控制在3毫米内，劳动效率上不去，大家急得团团转。善于思考的秦环兵给铟钢尺吊上线坠，挂在圆盘上，这样铟钢尺被线坠拉着，一直保持绷紧状态，当长度变动时，铟钢尺的读数就可以随时读出。这种小装置叫做链条式伸缩读数装置，调整用时 2 个小时，提高工效 2 倍，只需一名测量人员操作即可，不需要投入仪器配合检测，具有方便省力、可独立操作、精准度高等特点，为项目创造经济效益近 260 万元。

多年来，秦环兵完成技能小改革、小创新一百余项，优化测量方案 135 项，解决大型桥梁现场施工测量难题三十余项，为企业创造了直接经济效益 1500 万元。

薪火传承振兴工匠事业

秦环兵不仅自己积极向上，还带领大家一起学习，共同进步。他认真开展新老结对、导师带徒活动。每到一个工地，他都给新来的测量工讲技术课，把自己多年积累的经验和知识毫无保留地传授给年轻人。

以前，在没有教学条件和教学工具的情况下，他就自己买小黑板、水彩笔，给基础知识薄弱的工人们上课。技术员们听说公司的技术能手讲课了，也搬个板凳主动加入到听课的队伍中。于是秦环兵的学生从最初的七八个人逐渐发展到二十多人，授课的内容也从测量专业知识、识图基本知识讲到电脑知识。他将自己的小改小革、优化施工工艺、方案的内容教给大家，让大家了解到创新带来的乐趣。他鼓励大家："学习是辛苦的，但为工作而学习又是快乐的。"在秦环兵的带动下，测量组的职工现在都能看懂图纸、掌握测量理论及实践技能知识、学会电脑各种软件等操作，提高了团队整体的工作效率。

秦环兵的单位——中铁大桥局为他设立了"秦环兵工作室"，便于开展导师带徒和课题研究。如今，秦环兵带过的八十多名技术人员和测量工人个个都成了技术骨干。徒弟罗威、刘银友在大桥局及中国中铁技能竞赛中连续取得优异成绩，分别被授予湖北五一劳动奖章、中铁大桥局"金牌职工""大桥工匠"、中国中铁"青年技能导师"。

"秦环兵工作室"成立10年来，先后获得国家专利、测量工法、科技进步奖等创新成果52项，被评为湖北省示范性劳模创新工作室、中国中铁测量技能大师工作室。2019年12月，通过了"国家级技能大师工作室"认定。

秦环兵简介

秦环兵，男，汉族，1974年2月出生，中共党员，江苏如皋人，大学本科学历，工匠技师、工程师。中华技能大奖获得者、全国技术能手，"全国五一劳动奖章"获得者，享受国务院政府特殊津贴专家。现任国家级技能大师工作室、中国中铁劳模创新工作室负责人，中铁大桥局二公司测绘分公司党支部书记。

秦环兵数十年扎根桥梁施工一线，从一名普通的测量学徒工逐渐成长为专家型桥梁测量工，共完成技术革新、小改小革百余项，优化测量方案135项，解决大型桥梁现场施工测量难题三十余项，为企业创造经济效益约一千五百余万元。先后被授予"中国中铁十大专家型技术工人""湖北省楚天工匠""全国知识型职工先进个人"、中国施工企业管理协会"功勋工匠"等荣誉称号。

匠心熔铸热血青春　驾驭盾构穿江越海

——记中铁隧道局隧道股份有限公司盾构主司机　母永奇

雪域高原的色季拉山雪峰起伏，白雪皑皑，形成一道独特而神圣的风景，堪称中国最美的雪山。然而，色季拉山地下深处，筑路大军挥汗如雨，构成了一幅幅如火如荼的最美风景！这是亚洲第一铁路TBM长隧——川藏铁路色季拉山隧道的主战场，山腹中一个青年人驾驭着一条钢铁巨龙不断向前推进……

2016年，获全国青年岗位能手，国务院政府特殊津贴；2018年，获"全国五一劳动奖章"；2021年，获"中国青年五四奖章"、全国技术能手；入选庆祝中华人民共和国成立70周年"功勋工匠"名录。

他就是母永奇，他以其朴实、好学、钻研的精神和共产党员的金色年华阐释着新时代青年的壮丽人生。他与筑路大军一道，用青春和热血在雪域高原的大山深处谱写着新时代青年人雄浑激越的乐章！

筑路人的情缘

1985年，母永奇出生在四川省苍溪县一个普通的农民家庭里。小时候，外婆常给他讲故事，他是在外婆的故事中长大的。

外婆说他外公是一名铁道兵，参加成昆铁路建设时牺牲了，那时通信、交通都不方便，外公在什么地方牺牲的，埋在什么地方，他们都不知道，这一直是他们一家人的一个心结。

外婆时而拿着外公那张发黄的老照片流泪："你外公当年打洞子用的是铜钎大锤，如果像现在用机器打就好了，你外公可能也不会牺牲了。"

尽管他从来没有见过外公，但是外公的事迹却在他童年的心灵中埋下了一颗种子。

他从小就对机械装置有浓厚的兴趣。2005年，母永奇考上了江西城市职业学院，一门心思想学习机械的他毫不犹豫地填报了机电一体化专业。

2010年，母永奇参加了中铁隧道股份有限公司的招聘会。在最后的面试环节，母永奇告诉负责招聘的工作人员，"如果公司不是让我干机械方面的岗位，我就不去了"。但让母永奇意外和惊讶的是，中铁隧道股份有限公司让自己去搞的机械竟然是盾构机这样的庞然大物。

母永奇一开始作为学徒参与了宁波地铁1号线的项目建设，并在那里首先接触了盾构机。

盾构机是一种自动化、智能化应用于地下工程施工的国产高端装备，盾构机长达一百多米，就像一条巨龙。母永奇感到十分新鲜和好奇。由于当时其所在的盾构机都是在地下作业而无法看到全貌，在比较长的一段时间内，他对盾构机刀盘切削泥土的概念只能努力地靠想象弥补。直到隧道贯通、盾构机露出刀盘，母永奇才看清楚它的样子。

看到自己的师傅把这样的庞然大物驾驭得服服帖帖，母永奇打心眼里佩服和羡慕。盾构机涉及机械、力学、液压、电气、控制、测量等多门学科技术，母永奇查资料、做笔记，跟着师傅拆解学习，几个月下来就掌握了盾构机的基本操作。

但是母永奇不满足于此，盾构机在地下掘进所面临的地层情况随时可能发生变化，什么时候需要喷洒泡沫剂？什么情况适合膨润土？什么情况需要混合使用？它们的用量如何，比例应该设置多少？母永奇一次次地在实践中总结最优的解决方案。如今他随身携带的那11本100万字笔记本被他视作"智慧锦囊"。

正是靠着这股子向上的劲头和激情，母永奇踏实肯干，刻苦奋进，担任主司机以后，更是对盾构机的操作和电、器、液压等了如指掌。

"钻"这个字是与母永奇并肩作战过的工友们对他的最深印象，"掘进工作要求的精确度是按毫米来算，盾构机在工作前姿态的调整，参数的摸索确定，都是母永奇一点点'钻'出来的"。

穿江越海　青春更加出彩

从宁波、郑州、成都的地铁隧道到佛莞城际铁路狮子洋隧道，再到深圳春风隧道、珠海隧道，每一个城市不同的地质结构和土层情况既给母永奇带来一个个崭新的挑战，又不断给他提供了施展才华的新平台。

母永奇工作照

母永奇工作照

在郑州地铁1号线三期工程的建设中，母永奇带领团队取得了单班掘进14环的好成绩，创下了郑州地铁开工建设以来的最高掘进水平；仅用80天就掘进完成全长1.6公里的隧道区间，创下了郑州地铁开工建设以来的最高掘进纪录。

2014年7月，母永奇同志被选拔参加河南省产业系统技能竞赛盾构机操作技能比武大赛并获得第一名的好成绩，同时被河南省总工会授予"河南省五一劳动奖章"，2015年参加中国中铁第十四届青年技能大赛盾构操作工比赛中一举夺魁，被中国中铁股份公司授予"中国中铁青年岗位能手标兵"称号。

如今的母永奇已熟练掌握了国产盾构机和进口的小松盾构机、海瑞克盾构机等主流机型的操作方法，多次被邀请去兄弟单位进行盾构机掘进指导。

十多年时间里，母永奇累计在隧道内工作了三万多个小时，累计掘进了二十多公里，负责盾构机拆装10次，参与了12项盾构施工专项技术方案的编制工作。

作为"大国重器"盾构机的主司机，母永奇常年驾驶着"钢铁巨龙"穿梭在隧道建设第一线，以过硬技术做到了"遁地穿山、翻江过海"。他带领青年团队成立"母永奇盾构机操作技能大师工作室"，获创新成果34项，包括发明专利10项，实用新型专利15项，省部级工法3项，QC成果6项，其中"大直径盾构隧道同步注浆浆液研发"获全国市政工程建设优秀质量管理小组一等奖，其他多项成果获国家级、省部级奖项，相关科研成果已为企业创造了千余万元效益。工作室通过传帮带为企业培养了盾构机主司机等专业技能人才五十余人，工作室被命名为"火车头劳模和工匠人才创新工作室"，成为企业科研创效、人才培养的沃土。

传承红色基因　青春更加辉煌

成昆铁路对每一个中铁隧道人来说都有许多不解的情缘，对母永奇更是如此。

2016年，随着成昆铁路复线施工逐渐展开，中铁隧道局集团的一支铁路建设大军重返大凉山，在距老成昆铁路沙木拉达隧道30公里的小相岭隧道展开施工。小相岭隧道是新成昆铁路全线最长隧道，打通小相岭，成昆铁路复线就能缩短七十多公里。

2017年，作为中铁隧道局集团一员的母永奇应邀参加重返成昆铁路沙木拉达隧道活动。一天，他和同事们来到附近的一座烈士陵园给先烈敬献鲜花，在一座座墓碑中，他看到了一个名字和自己的外公同名。他急忙拍照发给了母亲，等待确认的电话，像是等了整整一个世纪。

铃声响起，电话那头的母亲已经是泣不成声，85岁高龄的外婆连夜赶来，颤抖着双手捧出外公留下的唯一照片，在墓碑旁长跪不起。

是啊，老成昆铁路地质环境极为恶劣，被外国专家称作是"铁路禁区"，仅铁道兵就牺牲两千多人，平均每一公里就牺牲一名铁道兵战士。

在那个装备技术落后的年代，建设者只能凭借血肉之躯去挑战这项几乎不可能完成的任务。埋骨他乡的23座烈士陵园至今仍静静地守护在铁路两旁……

母永奇的外公韩礼芳就是这23位烈士中的一位。1965年，他挥别了妻子和两个年幼的孩子来到成昆线，从此再也没有回过家。

五十多年里，全家几代人苦苦寻找，一直没有结果。

冥冥之中，母永奇选择了隧道事业，选择了筑路人生，却有缘找到外公的足迹……

如今他驾驭的是世界上最先进的隧道施工设备，已不再是前辈们手中的钢钎、铁锤。作为盾构主司机，他常年驾驶着"钢铁巨龙"，"遁地穿山、翻江过海"，穿梭在隧道建设第一线。

2021年7月1日，庆祝中国共产党成立100周年大会在天安门广场举行，母永奇应邀参加活动，在现场聆听了习近平总书记的重要讲话，他心潮澎湃，激动万分。

他为祖国的强大而感到自豪，也深知自己的使命和责任。正是因为这样，母永奇以一个共产党员的忠诚和担当，积极投身到最艰苦的川藏铁路色季拉山隧道建设事业。

色季拉山隧道正洞全长37.9公里，最大埋深1406米，采用TBM施工，是目前国内最长的TBM铁路隧道。

作为一名共产党员，作为新时代的青年人，高寒磨炼他的意志，缺氧，不缺勇气；流汗，不流泪。他决心在雪域高原，在火热的川藏铁路大会战中全力以赴，以前辈们艰苦奋斗的精神激励自己，去努力实现自己的人生价值。

他决心用自己的言行去奏响新时代中铁隧道人高亢的魅力赞歌，让色季拉山的雄姿更加俊美，让雪域高原上那漫山遍野的杜鹃花更加鲜艳。

母永奇简介

母永奇，男，汉族，中共党员，1985年9月20日出生于四川广元。2008年毕业于江西城市职业学院机电一体化专业，2010年5月进入中铁隧道局隧道股份有限公司从事盾构主司机工作。

成立于2016年的"母永奇盾构机操作技能大师工作室"先后完成创新成果34项，为企业培养了盾构主司机等紧缺型技能人才五十余人，被命名为"中国中铁劳模创新工作室""火车头劳模和工匠人才创新工作室""广东省工业系统劳模和工匠人才创新工作室"。母永奇2016年5月获"全国青年岗位能手"，12月获批享受国务院政府特殊津贴；2018年4月获"全国五一劳动奖章"；2019年10月入选中华人民共和国成立70周年功勋工匠名录；2021年4月获"中国青年五四奖章"，6月获"全国技术能手"荣誉称号。

用新时代"劳模精神"照亮奋斗之路

——记中华全国总工会副主席（兼职）、中铁电气化局一公司第六项目管理（高铁）分公司接触网技术员　巨晓林

　　渭水之畔，有他初出茅庐的踌躇；东北平原，有他砥砺前行的历练；京沪高铁，有他游刃有余的自如；商杭高铁，有他叱咤风云的骄傲……参加工作35年，从一名普通农民工成长为"国家级技能大师""全国创先争优优秀共产党员""全国劳动模范""改革开放40周年改革先锋""最美奋斗者"，并当选为党的十九大代表、中华全国总工会副主席（兼职），受聘国家监委第一届特约监察员。他不驰于空想、不骛于虚声，以实干为舟、以奋斗作桨，坚定信念，用勤干、苦干、实干谱写出人生的精彩华章。他就是巨晓林，中铁电气化局一公司高级技师。

坚定信念练就"金刚身"

　　巨晓林从小就喜欢铁路，喜欢火车，也听到过许多铁路电气化工人不怕千辛万苦为祖国修建铁路的感人故事。在日复一日的聆听、年复一年的浸染下，他的心里种下了一颗小小的种子——穿上蓝色制服，成为一名铁路电气化工人。

　　25岁时，巨晓林背起行囊，离开了家乡陕西省岐山县祝家庄镇杜城村。离开家乡时，他的行囊里装着的只有几件干活时穿的旧衣服、母亲煮的几个

巨晓林工作照（左二）

鸡蛋，以及一颗装着父母叮嘱的心。行囊简单，梦想远大，但巨晓林从不畏惧寻梦道路的遥远。

工作伊始，他没有任何经验、任何技术和任何知识储备，是名副其实的铁路电气化技术"门外汉"。带他的师傅鼓励他："别着急，慢慢来，只要下苦功，没有学不会的。"巨晓林下定决心要从头开始学起，努力掌握知识与本领。白天跟在师傅身后兢兢业业地学，晚上也不浪费时间，撵着师傅询问。驻地熄灯后，他偷偷在被窝里打着手电学习，把学到的技术要领记在本子上。

有工友问他："你一个农民工，学那玩意儿干啥？"巨晓林却说："咱一个农家子弟，找份工作不容易。干，就要干好！咱农民工也要努力学技术，成为懂行的人。"在以后的工作中，他铆足了劲儿，决心在铁路接触网这一行干出点名堂来，为农民工兄弟争口气。

铁路接触网是一个技术密集型工种，为了掌握施工技术，他买了《钣金工艺》《机械制图》《接触网》等三十多本专业书，其中有一些还是大学的课本。无论工地转移到哪儿，他都把这些书带在身边，抓住一切可以利用的时间去学习。

后来，为了支持巨晓林学习，项目部领导打破常规，特批巨晓林宿舍熄灯时间推迟1小时。工友们也主动找来专业书送给他，还给他买笔记本，鼓励他学习。"通过两年多坚持不懈地学习，我逐渐掌握了一些施工方法。领导和工友这么帮助我，我不能辜负他们。"巨晓林说。

谁也不知道他从"一无所知"到"轻车熟路"吃了多少苦头，谁也不知道他从"门外汉"到"内行"跨越了多少难关，但无论如何，他都坚持下来了，因为心中有梦，脚底就有力量。他对梦想的执着让所有熟悉他、知道他的人，都能够有所激励、有所收获。

提升能力磨砺"铁肩膀"

随着我国铁路的快速发展，一批又一批农民工来到铁路电气化工地。看到一些新来的工友学习接触网技术有点吃力，巨晓林萌生了编写一部《接触网施工经验和方法》工具书的想法。他要把自己的经验传授给新来的工友，让他们早一点成为铁路电气化施工的骨干。然而写书对于他这个高中生来说

巨晓林工作照（左一）

就像是攀登一座高山。有人不理解，说他是自找苦吃。他听了并没有气馁，因为他心里始终揣着一个梦想："要用知识武装自己的头脑，要用技术提高农民工的地位!"

在单位领导、工友们和亲人的支持下，经过3年多的艰苦努力，巨晓林终于完成《接触网施工经验和方法》书稿的写作。中铁电气化局组织有关专家对书稿进行科学论证和精心修改，编印成书，发到全局数千名接触网工手中。

在之后的工作中，巨晓林始终坚守"农民工也要学知识、懂技术"的信念，刻苦学习、勇于创新，掌握了大量铁路接触网施工所需要的新知识和新技能，研发和革新工艺工法143项，记下了近30万字的施工笔记，创造经济效益两千余万元，编写的"大国工匠工作法丛书"《巨晓林工作法——接触网施工》为中国高速铁路接触网安装新技术学习及培训提供了新教材。

2010年5月，巨晓林作为高技能人才被选调到举世瞩目的京沪高铁参加施工技术攻关，公司聘任巨晓林为"工人导师"。巨晓林所在的一队三班被公司正式命名为"巨晓林班组"。

2011年11月，国家人力资源和社会保障部以他的名字命名了接触网工工作室，即"巨晓林技能大师工作室"。他带领工作室的能工巧匠，以促进安全生产、提高生产效率、提升产品质量和推动节能减排为重点，广泛开展技术攻关、技术革新、发明创造、合理化建议等活动，培养了一大批青年技术骨干，在企业转型升级中发挥了引领示范和辐射带动作用。

敢于担当成为"实干家"

"身份不同，我要履行好不同的职责。"成为全国人大代表后，巨晓林提交的第一份建议就是《适应依法治国，加强依法维护农民工合法权益》。

巨晓林说："当了二十多年农民工，我知道农民工需要什么。"

2016年1月17日，中华全国总工会十六届四次执委会选举巨晓林为中华全国总工会兼职副主席，全总领导机构首次出现了普通农民工的身影。巨晓林每个月都会收到一些工人、农民工反映情况的信件，比如咨询保险的衔接、如何维权等。他都会第一时间联系反映人，回复如何处理；如果解答不了，他会及时转给全总相关部门，叮嘱尽快办理。

"我要把再次当选全总兼职副主席作为一个新的起点，忠诚履职、积极作为，努力维护职工合法权益，竭诚服务职工群众，发挥好示范带头作用，同中国中铁和全国亿万职工群众一道，为实现党的十九大提出的目标任务而不懈奋斗，决不辜负总书记的信任和职工群众的期盼。"这是2018年10月29日，习近平总书记在中南海会见中华全国总工会新一届领导班子成员，巨晓林向总书记的汇报。

担任全总兼职副主席以后，巨晓林坚守共产党员的初心，永葆工人阶级的本色，带领"技能大师工作室"的能工巧匠，开展技术攻关、技术革新等活动，累计取得技术创新成果346项，八十多项成果获省部级以上表彰，三十多项成果已在企业得到应用推广，产生直接或间接效益两千多万元。

2018年9月，中国工人出版社正式出版了"大国工匠工作法丛书"《巨晓林工作法——接触网施工》，体现出当代工人不仅有力量，而且有智慧、有技术，能发明、会创新，以实际行动奏响时代主旋律。

巨晓林时刻牢记电气化人艰苦奋斗的优良作风，担任全总兼职副主席后，经常参加各类社会活动，但巨晓林都会选择坐硬座。他说："选择坐硬座不仅能陪同农民工聊天，而且还能了解到他们最真实的想法。"他始终牢记党中央的希望和广大职工特别是农民工的重托，在日常工作和生活中注意广泛听取包括农民工在内的一线广大职工的呼声，积极就存在的问题开展调研。

　　"志不立，天下无可成之事"。巨晓林从一个普通的农民工成长为国家技能大师、"全国劳动模范"，在平凡的岗位知难而进、迎难而上，做出了不平凡的业绩。他用实际行动诠释了新时代劳模精神、劳动精神和工匠精神，唱响了"中国梦·劳动美"的主旋律，以信仰之光照亮了前行道路。

巨晓林简介

　　巨晓林，男，汉族，中共党员，1962年9月出生，高中学历，陕西省岐山县人，1987年3月成为中国中铁电气化局一公司的农民工。

　　参加工作35年，巨晓林先后参加了鹰厦线、大秦线、哈大线、京沪线、合福高铁、徐盐高铁、石济高铁等十几条国家重点电气化铁路工程的施工，掌握了大量铁路接触网施工所需要的新知识和新技能，研发和革新工艺工法143项，记下了近30万字的施工笔记，创造经济效益两千余万元，编写的"大国工匠工作法丛书"《巨晓林工作法——接触网施工》为中国高速铁路接触网安装新技术学习及培训提供了新教材。先后荣获"全国五一劳动奖章""全总火车头奖章""第十届中华技能大奖"，被评为"全国创先争优优秀共产党员""全国劳动模范""中央企业优秀共产党员""改革开放40周年改革先锋""最美奋斗者"，并当选为党的十九大代表、中华全国总工会副主席（兼职），受聘国家监委第一届特约监察员。

勇毅前行　使命在肩

——记中铁电气化局一公司滁宁城际信号专业负责人胡正伟

夜过子时，一灯如星。灯下一个身影正在忙碌着，伏案而作的健硕青年已面有倦色，但双眼却出奇的明亮，像极了即将欲晓升起的启明。青年名叫胡正伟，是我国素有"国家队"美誉的中铁电气化局一公司一分公司信号专业经理。衣不卸甲，枕戈待旦，为的是尽快拿出提前开通的节点管控施工方案。工作17年，相伴长夜，已是过惯了的；追梦15年，以电气化人身份自豪的胡正伟，抬头仰望夜空，拿着做好的施工组织设计，笑容一如当年那个神采飞扬的少年。

不负韶华报国志　此心浩荡如钱塘

16年来，胡正伟潜心揣摩以"立于信，成于品"为精神内核的电气化文化，投身于铁路建设的主战场，他处处以身作则，奋勇争先，开拓进取，在一条条铁路线上他留下的不只有汗水和足迹，更多的是他以实际行动对一名共产党员初心和使命的见证。

2005年5月，年仅19岁的胡正伟背上行囊，踏上了南下的列车，正式进入了中铁电气化局一公司。为了能够在工作中更快地发挥自身作用，胡正伟

胡正伟工作照

充分利用业余时间，白天边工作边向现场的师傅们请教，晚上回去拿出自购书籍进行钻研学习。终于，在单位"导师带徒"的浓厚氛围中，他成功自考了北京交通大学信号专业的专科学历。

"试玉要烧三日满，辨材须待七年期。"2010年，为了解决铁路既有站站改技术的难题，减少铁路枢纽信号施工对行车的干扰，他积极联动京九线黄村站信号专业技术攻关小组献计献策，通过对室内外施工现场情况的调查，决定采取在既有设备周围拉警戒线、竖立警示牌等手段来保证设备和行人安全。项目完工后，胡正伟所在单位被建设指挥部授予"电务施工的排头兵，攻坚克难的铁队伍"的奖牌。施工组织方案获得公司一等奖、集团优秀奖、北京市国优小组称号。

胡正伟率队参加上海市轨道交通10号线信号系统安装工程攻坚。他在缺氧的地下隧道中鏖战72小时，指挥全程不间断作业，保障了上海市政工程重大节点如期建成。为保证天津地铁3号线如期开通，他与QC小组"云端共计"，优化出"提高隧道洞顶钻孔速度"的施工组织方案，该方案获得公司一等奖和最具创新奖、北京市一等奖、全国发表优胜奖。为升级优化铁路信号联锁模拟试验效率，胡正伟主动找到巨晓林大师工作分室研发组组长潘云卿表达学习意愿，正式加入到工作室研发组，历时一年，课题组研发的《便携式铁路信号通用模拟盘》获得实用新型专利证书。

在新建北京动车段工程中，胡正伟面对狭窄的电缆间及多达176根的电缆意识到传统的施工无法达到整齐美观的效果，最关键的是一旦使用备用电缆难以进行梳理查找。因此，他提议采用"井"字形支架进行电缆分绕，这样不仅提高工作效率，节省使用空间，而且方便后期的运营维护管理工作。这个提议实现了国内铁路信号专业单位电缆间内"工效提升、空间节省、工艺美观"的一流设计初衷，节省成本21.9万元，获得北京市第61次QC小组发表会优秀奖。

胡正伟工作照（左一）

云海栏杆争飞渡　浩气冲云笑从容

回忆起16年来的点点滴滴，他最难忘的便是2017年的昆广达速改造工程。可以说那是电气化局一公司信号专业有史以来最大规模的会战。面对紧张的工期和严峻的施工任务，信号专业调集9支作业队伍、四百二十余名员工同时开展作业任务。工期紧、任务重，为了保障项目的顺利开通，员工们全部放弃了春节假期，告别了家人，义无反顾地选择完成施工任务。日夜同行的奋战，风雨兼程的努力，终于保障了"作业零违章、岗位零隐患、管理零缺陷"的精品工程建设，赢得了昆明铁路局集团滇中指挥部和监理单位的高度赞誉。

2017年，在昆广达速信号改造工程中，胡正伟所参与研制的铁路信号机柜整体移动工具不仅解决了当时新机柜就位和既有使用机柜检查相会干扰的问题，而且能够提高工效30%，节省成本9.9万元。这项成果的发明，获得了北京市第72次QC小组发表会三等奖。

2018年，昆明铁路局将大丽线铁路改造工程项目委托给电气化局一公司。项目展开后，面对云南地区的喀斯特地貌，山多、桥多、隧道多，很多地方的桥梁因为氧化腐蚀变得酥脆异常，正常作业难以进行。胡正伟提议采用腰挂牵引索在百米高空悬挂作业的方式来进行操作，这样一是减轻了人身对桥梁踏板的压力作用，方便进行施工作业；二是一旦踏板断裂，对员工也是一种保护。因为是首次采用这种方法进行作业，当时身为项目专业副经理的他第一个冲锋在前，为员工们进行示范性作业。同年，在昆明站改造中，陈年电缆井和夹层含有大量有害气体，为了施工安全，他提出了"一测、二排、三试、四下"的工作法，为员工们提供一个可靠的安全保障，为了确保井内气体已经全部排放，每一次第一个下井的都是自称"排雷队长"的胡正伟。

建家报国当有梦　青春如是人如龙

多年来的工程历练和企业文化的浸润使得"促创干，争一流"的电气化传统扎根于胡正伟的内心，他深信勇挑重担、敢于担当才是男儿本色。每一次面对急难险重的任务，身为共产党员的他都始终保持着冲锋陷阵的姿态。从一名普通的工人到副队长，再到队长，从项目副经理到经理，胡正伟生动诠释了"双手改变命运"的深刻内涵。时间在变，职务在变，但不变的是创业初心，这就是他永远冲锋在前、逐梦前行的信念源泉。

2020年3月，公司接到京哈线三平站改造项目施工任务，要求于3月28日实现全站开通，为打造北京市绿色物流运输体系提供有力支持。当时全国上下正值抗击新冠肺炎疫情的关键时期，人员组织难度大，物资进场困难多，让本就紧张的施工工期雪上加霜。为了抢回工期，公司领导经过协调安排，成立了一支由胡正伟担任队长的党员突击队奔赴现场，协助施工。接到命令的那一刻，他不禁回想起了2014年大儿子出生时对妻子的承诺，看来这一次自己又要"失言"了。二儿子刚刚出生不久，当初说好一定会陪妻子度过这个孩子的满月，可这次一走不知道又要多久才能回来，懂事的妻子转身默默为他收拾起了行囊，因为同是电气化工作者的她知道单位需要他，工程建设也需要他。带着父母的牵挂，妻子的眷恋，胡正伟奔向了车站，与之前不同的是这次他一路没敢回头……

到达现场后，他马上着手开始组织施工，40天工期，27天完成，在保障项目顺利开通的前提下，成功打破了信号联锁设备安装试验施工瓶颈，工期提前了32.5%。这次施工的顺利完成是对电气化人"不忘初心、牢记使命"的见证，集中体现了电气化人"勇于跨越，追求卓越"的精神品格。

回首曾经，党旗下庄严举起右手的那一刻，肩上多了一份责任，心中多了一份重任。从信号工到专业经理，这一路走来，胡正伟更加明白"天道酬勤"这四个字的含义。人生的赛场上，胜利者并非起点最高的那一个，而是最懂得坚持和持续发力的那一个。胡正伟将自己的青春、梦想，同自己的工作相融合，尽管生活百般艰苦，但是他扎根一线，一如既往地沿着"岗位成才"的道路不断向着新的目标迈进。

胡正伟简介

胡正伟，男，1986年10月出生，汉族，中共党员，大学本科学历，毕业于北京交通大学，河南商丘人，2005年6月参加工作，2009年12月加入中国共产党。现任中铁电气化局集团一公司滁宁城际信号专业负责人。先后荣获"全国劳动模范"、天津市劳动模范、中国中铁开路先锋卓越人物、中国中铁优秀共产党员等荣誉。

自参加工作以来，胡正伟一直扎根施工一线，先后参建集包增建二线、京广线、昆广线、大丽提速改造工程等多个重点工程。在新建北京动车段工程中，他提议采用"井"字形支架，进行电缆分绕，实现了国内铁路信号专业单位电缆间"工效提升、空间节省、工艺美观"的一流设计初衷，节省成本21.9万元，获得北京市第61次QC小组发表会优秀奖。在昆广达速信号改造工程中，他参与研制的铁路信号机柜整体移动工具，提高工效30%，节约成本9.9万元，获得北京市第72次QC小组发表会三等奖。他参与研发的《便携式铁路信号通用模拟盘》获得实用新型专利证书。

铁路"蜘蛛侠"

——记中铁武汉电气化局运营管理公司接触网作业队
队长 姚振宁

　　姚振宁，现任中铁武汉电气化局运营管理分公司玉磨铁路项目部接触网作业队队长，先后参与了兰武项目、京沪改造、广深四线、大包线、京沪高铁、成绵乐客运专线、成昆铁路扩能改造以及中老铁路等项目的建设。因为他大部分工作时间都在高空接触线上来回"飞跃"操作，所以被工友们亲切地称为铁路"蜘蛛侠"。

　　自参加工作以来无论他在何种岗位，从事何种工作，都干一行爱一行，一心扑在工作上，各项工作想在前、干在先，充分起到了模范带头作用，在基层平凡的岗位上彰显出了精彩的别样人生。

苦其心志、潜心钻研，争当业务学习的"领头雁"

　　2016年6月15日，湖北省总工会联合中铁武汉电气化局举办的"中铁武汉电化杯"暨中铁武汉电气化局第一届接触网技能大赛正在古城襄阳举行，在这里，姚振宁凭着自己的多年努力和实干大显身手。

　　偌大的竞技场上，一场紧张、严肃的比赛正井然有序地进行着。高照的艳阳、满头的汗水却丝毫不能影响姚振宁的专注、严谨和高效，他用自己

姚振宁工作照（右一）

总结出的"挂踏"上杆法飞速地攀爬上13米高的接触网支柱，在软横跨上，他整个身体利用安全带几乎与支柱垂直，一只手紧握横向承力索，一只手拿着力矩扳手，身轻如燕，就在其他人还未完成螺栓紧固时，姚振宁就已完成了道岔区悬挂调整，速度之快、效率之高让他人望尘莫及。

结果公布，姚振宁获得技能大赛个人第一名，他带领的团队获得团体第一名。"不积跬步，无以至千里；不积小流，无以成江海。"这个第一名离不开他工作多年的精益求精、潜心钻研。正是这场比赛，姚振宁在集团公司打响了铁路"蜘蛛侠"的名号。

2003年，姚振宁刚刚从学校毕业就来到株六线干起了电气化接触网的活儿，初出茅庐的他在一开始就与别人显得有些不同。当时株六线项目正处于大干强开通的关键时期，气候炎热，交通不便，山路崎岖，所有的工具、材料都要肩扛人抬，爬山涉水送到指定工点，一开始就给这群刚参加工作的年轻人来了个"下马威"。姚振宁一声不吭，挑重件、大件扛，晒得漆黑，问他苦不苦，他只说："没事，我们年轻，多干一点不怕，睡一觉就好了！"

碰到不清楚的工作，他认真向经验丰富的师傅和同事学习，回宿舍后抓紧做好记录、找资料进行核对，加强实作理论学习。为了避免集体宿舍的嘈杂与喧闹，他时常带上资料到山坡上、树荫下研习，晚上就跑到技术室边学边请教。仅短短的一年时间，他的理论和实作水平便有大幅度提高。

机会总是留给有准备的人。在一次基坑找平的过程中因山路难走，导致水平仪损坏，回去拿往返就需要近3个小时，这时他看见边上有一卷透明水管灵机一动，说道："师傅，我有办法了。"只见他很快往水管里注满水，按标高把作业的几个基坑用土办法找平了。

不久后，株六线顺利开通，看着电力牵引机车拖挂上长长的列车从他和同事身边呼啸而过，他的内心充满了成长的喜悦和自豪。株六线项目结束了，可中国的铁路建设没有止步，姚振宁向前奔跑的脚步更没有停止。无论何时，他始终保持着刚开始参加工作时拼搏的初心，严格制订学习和工作计划，像一块海绵一样努力吸收着理论知识和作业技能。

姚振宁工作照

肩挑重任、创新创效，勇当攻坚克难的"排头兵"

虽比高飞雁，犹未及青云。熟悉姚振宁的人都知道，他一向努力，这种努力不是没有方向的努力，而是爱动脑筋、持之以恒地努力。扎根基层多年，在熟练掌握各项施工标准的基础上，他探索出一系列小发明、小工艺，为项目部创效创益。

针对H型钢柱和AF肩架重、长度长、特殊跨度桥梁多、施工便道少、人工转运及安装等困难，他和项目攻关组对传统安装方式加以改进优化，转换作业面，利用自制的特殊小工具。地面起吊、稳固肩架，通过钢柱杠杆原理支撑滑动肩架至安装位置，研究制作出AF肩架速安法的肩架托架。在成绵乐客专施工时，AF肩架速安法的肩架托架和辅助绳（加长钢丝套）连接倒锚法得到大力推广，"安装一组肩架从以前30分钟安装一组，到现在7分钟安装一组，一个小组每天可以安装80组，相当于原施工效率的4倍！"提到这项技术，姚振宁的话语里充满了自豪。这项技术大大提高了施工效率，节省了施工劳动力，缩短了安装时间，提高了作业段整体的施工水平，降低了施工难度和施工安全隐患。

党的十九大报告提出，要建设知识型、技能型、创新型劳动者大军，弘扬劳模精神和工匠精神。2021年初，"姚振宁劳模创新工作室"在玉磨项目部成立，姚振宁准备带出一支技艺超群、时刻创新的工匠队伍。

"我们干的是一件很普通的事，但要把普通的事情干好却需要不断地思考"他说，"我也是在施工中一点一点摸索的，但哪怕我们因为这些小小的创造一天节约了10分钟，那一个作业队、一个项目部、整个中老铁路又节约了多少时间，创造了多少经济效益呢？"电动扳手是姚振宁固定内六角零件想出的新方法，以前只有拧螺丝的时候才能够采用电动扳手，紧固内六角零件则需要人工手动，7分钟才能固定一个，速度非常慢。通过姚振宁的反复琢磨、设计改进，使得电动扳手能够满足紧固内六角零件的需要，经过改进的电动扳手7分钟能紧固10个内六角零件，效率相较原来提高了10倍。同样能够提高施工效率的还有装吊柱的自制模具挂钩，安装接触网吊柱通常使用的是升降机，但项目部在实际使用过程中却发现升降机存在升降时间比较慢、转运时还要费时费力清理道路等问题，并且在隧道内线路上经常受条件限制，使得升降机无法到达安装位置。于是姚振宁与创新工作室的成员一起研究，自制模具挂钩，大大加快了施工进度，为后期管段内放线、开通、调试奠定了坚实的基础，争取了时间，作业队施工进度一路领跑全线。

历经风雨，走出铁路千万里，青春见证，立项工法是智慧结晶。这是对姚振宁工作状态最真实的写照。

不忘初心、砥砺前行、甘为职工群众的"孺子牛"

"严格对标各项技术标准，保质、保量提前完成施工任务，无一返工"，这是姚振宁对自己的要求。在他经手施工和管理的施工任务中，得到了项目部和业主一致好评。

为了帮助同事们提高自己，他利用一切可利用的时间组织职工进行理论知识学习、安全实例分析，针对施工作业中存在的技术和安全等方面的突出问题及时制定整改措施；在工作和生活上，他关心和帮助年轻职工和新员工，告诉他们"磨刀不误砍柴工"，使他们尽快熟练地投入工作。

施工生产一线是最平凡的岗位，但伟大只有寓于平凡之中，才会彰显出人生的美丽。

在中老铁路的施工中,姚振宁遇到的最大困难就是大金山隧道的施工。大金山隧道全长10.66公里,是玉磨铁路全线15座万米长隧之一,也是全线重点高风险隧道之一。清晨,姚振宁和工友们就来到大金山隧道入口准备开始施工,走完整条大金山隧道要2个多小时,为了节约时间,他们就自带干粮,在隧道内一干就是一整天。隧道内空气流通相对较慢,加上云南闷热潮湿的天气,施工条件非常艰苦,他们要在机器轰鸣、弥满尘土的隧道中进行底座打灌、吊柱安装。最让人难以忍受的是,在干活的时候有工程运输车经过,这些运输车为内燃机车,行驶的时候会产生很大的黑烟,伸手不见五指,隧道内狭窄没办法躲避,只能依靠防尘口罩。艰难险阻面前,姚振宁并没有抱怨,白天则身先士卒、冲锋在前,与工班一同穿行在隧道中进行底座打灌、吊柱安装,苦活累活自己主动抢在前面干;晚上又召集工班,核对当天工作完成情况,梳理准备第二天施工所需要的工器具和作业人员防护用品。

在磨黑站施工时,恰逢宁洱持续降雨,这是姚振宁在中老铁路中负责的为数不多的室外接触网施工。穿着雨衣爬湿滑的接触网杆可并非易事,但是云南雨季长,如果等天晴会严重耽误工期,为了按期完成节点,姚振宁结合现场实际调配资源,带领党员突击队身先士卒、冲锋在前,在雨中展现中国速度,并对工艺标准严格把关,仅用10天就完成了这段2公里长的接触网施工任务。

姚振宁说,"再苦再累都不怕,一定要高标准、高质量完成建设任务,把中老铁路建设成为标杆工程!"在他的号召和团结下,一支能打硬仗的队伍在电气化建设的旗帜下攻克一个个难关,用钢铁般的意志完成一项又一项艰巨任务,在中老铁路的建设中展现了中国速度。

"合心合作、创新创造"是中铁武汉电气化局的企业文化,20年来,姚振宁用他的所作所为诠释了这个词的含义。"不驰于空想,不骛于虚声",他不断钻研、夯实基础，在施工技术上不断突破；他立足岗位，不断创新，改进施工流程，创造新工法，提高工作效率；他勇挑重担，不畏艰难，勇于挑战急难险重任务；他不忘初心，砥砺前行，始终以优秀共产党员的标准要求自己。

姚振宁简介

姚振宁，男，汉族，1981年7月出生，中共党员，河北邯郸人，特级技师，大专（函）毕业，现任中铁武汉电气化局运营管理分公司玉磨铁路项目部接触网作业队队长。他2002年7月参加工作，2014年12月从劳务派遣工转为正式职工，先后参与了兰武项目、京沪改造、广深四线、大包线、京沪高铁、成绵乐客运专线、成昆铁路扩能改造以及中老铁路等项目的建设，主要从事接触网工作，被称为铁路"蜘蛛侠"。

他善学习勤思考，总结出"挂踏"8秒上杆绝活，创造拱形架作业法、AF肩架速安法的肩架托架等工艺工法，不断刷新施工速度和效率纪录。2016年获得由湖北省总工会联合中铁武汉电气化局举办的接触网技能大赛第一名，中国中铁接触网技能大赛个人第六名，团队第二名。先后荣获"全国劳动模范"、湖北省劳动模范、湖北省五一劳动奖章、四川省五一劳动奖章、中央企业技术能手等一系列荣誉称号。

建筑工地上的"金刚钻"

——记中铁建工集团西北分公司兰州生物所项目工会主席 张 明

　　当清晨的第一缕阳光洒向大地，一个敦实的身影早已开始在工地上忙碌。他就是张明，出生于重庆永川，从小家境贫困，为了生计初中毕业就辍学接父班到铁道部建厂工程局三处三队参加工作。他从学徒工做起，经过三十余年的工作历练，凭借着对工作的无限执着、对企业无尽的忠诚和对技术刻苦的钻研，先后拥有7项国家发明专利，完成了近百项小发明、小革新、小创造，为企业创造价值，成为中铁建工集团赫赫有名的技术创新能手，工友眼中的技术专家、领导心目中业务能手，并为自己赢得了建筑工地上的"金刚钻"这一雅誉。凭借卓越的表现，他获得"全国劳动模范"、北京市劳动模范、首都最美劳动者等荣誉称号，以实际行动真正践行榜样的力量！

勇当排头兵

　　1987年12月，这个重庆永川农家的孩子接替年迈的父亲成为铁道部建厂局三处三队的一名管道工。"作为一名技术工人，不仅要肯干，还要懂得巧干"这是张明经常告诫自己的一句话。初到工地被分配当学徒，最初连图纸也看不懂，但他并未知难而退，围着师傅问这问那，为了能让师傅多教点技术，脏活累活抢着干。晚上回到宿舍，不顾劳累，把工作中碰到的难题记录下来，潜心琢磨。工友们看到他在本子上写写画画，就劝他说："这是技术员干的活。咱们这里大学生那么多，你一个工人，瞎折腾啥！"每当听到那些话，张明只是憨笑几声，继续埋头看书和整理笔记。由于善于学习、用心钻研，张明在施工中总有新点子、新方法冒出来。用工友的话说，他"个子不高，方法不少"。长年在施工一线摸爬滚打，一个个小的革新工艺，一项项不起眼的创造工法脱颖而出，应用到中铁建工集团遍布全国的工地，极大地提高了施工效率，缩短了工期。

1988年的冬天，一次工作中的机遇使他开启了智慧的大门。张明所在工班接到通知，设计院动力管沟镀锌给水管被冻结，班长紧急组织开会制订解决方案，大家各抒己见，这时年轻的张明大胆地提出了他的建议并被班长采纳。他采用了两台电焊机，利用电焊机的地线和焊把线分段捆绑在管道上进行加热，经过8个小时的持续加热，将被冻结成实心的180米DN100镀锌给水管道全部解冻，保证了设计院浴池正常供水工作。从此，张明走上了他人

张明工作照

生中的改革创新之路。

春夏秋冬，四季更迭。2004年张明在云南曲靖市冶炼厂住宅楼工程担任土建施工员。在浇筑混凝土时，其他当地的施工单位用吊机运装混凝土，但监理方以中铁建工集团没使用过该方法担心存在安全隐患为由不允许用此方式运混凝土。这时张明开动脑筋想到了改进卷扬机的方法：即将卷扬机的钢丝绳加粗，由原来双根改为单根。既保证了安全，又提高了速度。在钢筋绑扎完验收时，监理评价说这层的钢筋绑扎比其他层都好，但还不能浇筑混凝土，因为构造柱不能和楼板一起浇筑。张明又独出心裁，采用白铁皮加工几个漏斗，用了半天时间就将七层所有构造柱浇筑完成，没有破坏一根钢筋。就这样，中铁建工集团项目部获得了工程进度第一名，一次次的成绩极大地鼓舞着张明奋勇向前。

练就"金刚钻"

在几十年如一日的学习工作实践中，张明人生的第一项国家级专利发明成果"自装式淤泥吊装桶"诞生了。该专利巧妙地通过淤泥对吊装桶产生的压力来实现自动装淤。使用该专利清淤的工作效率比人工清淤快出76倍，更重要的是杜绝了清淤工作中常常发生的伤亡事故。有了第一，就有了第二、第三，张明立足工程建设中的难题，开动脑筋，不断突破自我，开展技术研究。他先后获得了"自装式淤泥吊装桶""钢筋间距定位卡""钢筋保护板""多功能工地货架""金属屋面固定卡""平台固定卡""施工工地预埋套管"等国家级实用新型专利7项和百余项小发明，为项目及公司在经济效益、文明施工等方面创造了不错的效益，并在行业内得到广泛的运用。

针对施工现场各类管材随地胡乱堆放、易损难寻的现象，为有效管理各

张明工作照

类管材，强化文明施工，张明设计出了施工工地用支架。支架结构简单、美观、牢固、实用，拆卸组装方便且可以重复使用，在有效防止管材弯曲的同时，还能够让管材清晰分类摆放，便于使用时及时查找，成为文明工地的一大亮点。

面对剪力墙结构施工过程中墙体钢筋因受挤压、混凝土振捣发生偏移，影响工程质量的问题，他及时发明了制作简单、快捷、成本低廉的钢筋间距定位卡。钢筋绑扎过程中，工人只需根据要求把预先制作好的钢筋间距定位卡卡固在位于水平钢筋上面的竖向钢筋上即可，无须进行任何焊接和绑扎，可以有效防止墙体钢筋因挤压、振捣发生偏移。与此同时，为了防止楼板钢筋踩踏变形，一款结构简单、坚固耐用、移动轻便、成本低廉的钢筋保护板应运而生，有效地避免楼板钢筋遭受破坏。这些发明简单实用，在建筑行业得到广泛应用。

伴随着高铁事业的飞速发展，各种铁路基础设施建设如火如荼开展，轻钢结构彩钢屋面在站房被广泛运用。列车高速通过站场时，屋面板受到风力等较大荷载影响的情况下极易发生脱落，存在人身安全威胁、机械设备损坏等影响行车安全的重大隐患。面对这一情况，张明每天半夜趁着高铁停运的间隙，冒着东北零下十几度的严寒爬上站房屋面，冥思苦想，一干就是半个多月，及时发明了金属屋面固定卡，将屋面板与结构杆件牢牢固定，确保屋面板不会发生脱落现象。随后，在金属屋面固定卡的基础上，张明又改造发明了平台固定卡。

张明"闷头学技术，痴情搞革新"的事迹深深影响着身边职工，也得到了企业上下的热情支持。这使得张明迸发出极大的创造激情，无论是在雪域高原，还是在"天无三日晴"的西南边陲，抑或是在一日千里的高铁站场，一项项的实用技术发明诞生，无一不是他日思夜想，多次登高爬低实验的呕心沥血之作，厚厚的技术图纸背后是多少次的挫折失败。这些技术发明的共同特点就是让施工安全可控质量最优化、成本最小化。正是这种无私的付出，2008年，张明实现了多年的夙愿，光荣地加入了中国共产党。

让生命更美丽

"梅花香自苦寒来"，工作二十多年，张明先后参建的贵阳火车站、贵州电视大楼、昆明火车站、拉萨火车站工程均荣获了"鲁班奖"，参建的那曲物流中心工程荣获詹天佑奖。2012年，张明被选派到西宁参与新西宁站建设，正当他越干越有劲的时候，一片乌云悄然飘进了他的生活。2013年5月4日，他在公司的体检中查出了原发性肝癌。当时，中国铁路文工团即将到西宁站慰问演出，他悄悄藏起化验单，晚上到工地和大家一起安装演出舞台，并坚持到演出圆满结束后才去医院进行复查。半个月后，张明患上癌症的消息传到集团领导耳中，集团领导高度重视，要求尽快安排张明进京治疗，并请京城最权威的301医院专家为他会诊手术。

好人有好报，张明的手术很顺利。术后一周满怀感恩之心的张明便回到了自己深爱的工作岗位。现在，他每天除了背着一壶中药按时服用外，谁也没见过他愁苦颓废的样子，照样是早出晚归，笑口常开。是参透了人生？还是超越了生死？人们不得而知！还是让我们听听张明的回答吧：人的一生总会遇到各种各样的困难和挫折，假如我们不能正确面对，就等于向挫折屈服，提早关上生命之门。相反，如果我们以积极的心态和勇敢的态度去面对它，战胜它，就一定能看到生命最美丽的风景，让生命焕发出绚丽的光彩！

张明简介

张明，男，汉族，1966年3月出生，中共党员，重庆永川人，特级技师，荣获"全国劳动模范"、北京市劳动模范、"国企楷模·北京榜样"、首都最美劳动者、中国中铁首届道德模范、中国中铁"十大专家型工人"、中国中铁"开路先锋"卓越人物，享受国务院政府特殊津贴专家。现任中铁建工集团西北分公司兰州生物所项目工会主席。

多年来，张明始终置身于生产第一线，坚持"闷头学技术，痴情搞革新"，日思夜想，登高爬梯，从实践中不断总结、摸索、创新，解决了多项技术难题。先后拥有8项国家级实用专利技术，完成了近百项小发明、小革新、小创造，广泛应用于施工现场作业，为企业高质量发展作出重大贡献。

大国焊将巾帼花

——记中铁工业旗下中铁九桥焊接实验室电焊工匠技师王中美

在国内21座跨长江、11座跨黄河桥梁的建设工地上，在香港至深圳西部通道的后海湾大桥建设工地上，在一带一路"梦想之桥"孟加拉国帕德玛大桥钢管桩制造工地上活跃着我国桥梁战线首支"女子电焊突击队"，这支队伍的领头人叫王中美。

参加工作二十多年来，她一直坚守在生产一线从事桥梁电焊作业及焊接实验研究工作，用十六余吨焊丝和勤学苦练，让自己从一名电焊工学徒成长为一名大国工匠，跻身我国桥梁战线焊工界的"免检王"，并当选为党的十九大代表、中国工会十七大代表，先后获"全国三八红旗手""全国五一劳动奖章""中国青年五四奖章""全国劳动模范""全国技术能手""全国优秀共产党员"等多项称号，作为"两优一先"代表受到国家领导人接见，并获批享受国务院政府特殊津贴。

女承父业，点燃焊花

2001年，学桥梁专业的王中美毕业后毅然选择中铁九桥，接过父亲手中的焊枪，成为一名电焊工。

事实上，对于焊工这种又脏又累的工作，没有多少人会"一见钟情"，王中美也不例外。

"真正上手的时候才发现，这个工作和自己原来想象的完全不一样。"她说。在灼热的焊接环境中，只因不经意间多看了几眼弧光，眼睛便肿成了一条缝，脸上也脱了一层皮。

"当时也确实吓坏了，心想要是毁容了怎么办？"看着镜子中自己的"惨象"，她也有一丝动摇。

"要不然以后不干这个了。"她这样告诉自己。

但是父亲对她说："既然选择做一件事，就要用心坚持下来。做好焊接工作，基础很重要。你不只是在焊接，而是在'焊'卫一座大桥的生命！"

受父亲的鼓励，加上自己要强的性格，王中美选择留了下来。二十来岁的年龄，别人都谈恋爱去了，她还在那里琢磨她的焊接工艺；别人都下班了，她还在那里汗如雨淋般地反复操练。

星光不负赶路人，时间不负有心人。慢慢地，看到自己焊出的焊缝越来越均匀、成型越来越漂亮，并逐渐得到工友们的肯定，这使她找到了工作的乐趣。与她同期进厂的7位姐妹先后转行，唯独她选择坚持留了下来。

"你姑娘是个好苗子""干得这么好，转行可惜了"……

听到师傅们跟父亲说起自己，王中美心里有一丝喜悦，还有一丝成就感，有人劝她转行她都不干了。

以身作则，模范引领

焊接时的熏烤、飞溅的火花、弥漫的粉尘、呛人的气味、酷暑时箱体内又闷又热的环境、冬季户外焊接时刺骨的寒冷……烫伤对焊工来说更是家常

王中美工作照（左一）

便饭，王中美的身上也有着大大小小的伤痕。

"幸亏我皮肤黑，没那么明显。"她开玩笑道。

2007年，王中美因表现突出光荣加入了中国共产党。在工作中，她更是以一名党员的使命感和责任感严格要求自己，能干的必须干，不能干的咬着牙也要干。这种"拼命三郎"的作风让她出色地完成了各项任务。

2010年盛夏，王中美带领队伍紧急赶赴京福高铁铜陵长江大桥工地。

"里面有六七十度，又闷又热，待上几分钟，浑身就都湿透了。"王中美讲道。

然而，就在这样一个酷热的环境内，她常常一干就是十多个小时，而且专挑难的、险的施焊部位，稍好一点的施焊部位都安排给工友完成。

有一次为了抢工期，连续两天作业的她晕倒在现场，然而她在家只休息了一天便又回到了现场。"我是工班长，我的离开会影响大家的士气，这样下去会耽误工期。我还是一名共产党员，这个时候，我不上谁上！"就这样，还未恢复体力的她又重新投入到了紧张的工作中。

"可能在面临这样的重大任务的时候就感觉不到苦了。因为心里一直想的都是怎么才能完成任务，不给别人拖后腿。"她说。

一个月后，工程项目如期完工并全部一次性验收合格。在这么艰难的条件下完成任务，她没有抱怨，还给自己总结出一条经验：作为队伍的领头人，凡事必须带头，遇事就躲怎么干得好工作！

每年使用近千公斤焊丝，在温度超过50摄氏度的密闭钢箱梁里连续作业，衣服湿了又干，干了又湿，就这么日复一日，年复一年，经过艰苦的磨炼，王中美焊接的产品一次性探伤合格率99%，驻厂代表、监理亲切地喊她"免检王"。

在王中美的带领下，工班屡次在桥梁施焊攻坚中大显身手，先后承担了铜陵长江大桥、重庆鼎山长江大桥、沪苏通长江大桥等多个急难险重项目，克服了全熔透焊缝多、焊接工艺复杂、施焊工位差、任务工期紧等诸多不利因素影响，圆满完成各项任务，赢得中铁九桥上下一片赞誉。

王中美工作照

创新攻关，硕果累累

在电焊岗位二十余载时光里，王中美以技立业，经常摸索、钻研，务实创新，尝试不同的焊接方法，攻克了无数焊接难题。通过优化参数、改进工序、创新工艺，王中美取得新型钢种焊接、重型钢梁焊接、特殊工位焊接等27项技术攻关、17项创新成果，多项工艺填补了国内空白。她参建的武汉天兴洲长江大桥、南京大胜关长江大桥先后获得我国桥梁界的"诺贝尔奖"。

在武汉天兴洲大桥压重区横梁肋板熔透焊时，按照当时传统的双面坡口工艺，焊后变形很大，有的调校根本无法达到验收标准。王中美突破固有经验和传统，将厚度16~28毫米钢板的熔透焊接由传统的开双面坡口焊接工法改为开单面坡口焊接工法，有效地控制了杆件变形，工效提高了50%。此后，这种工法被命名为"王中美焊接工法"，在中铁九桥承接的1000吨多功能起重机、桅杆式桥面起重机等众多项目中得以应用。

在"一带一路"重点项目孟加拉国帕德玛大桥中，中铁九桥承接该桥14万余吨钢管桩制造任务。该管桩直径3米，长120米，板厚达60毫米，项目焊接工程量巨大，焊缝质量等级均为Ⅰ级熔透的高要求。她不断优化坡口形式，完善焊接工艺，改进焊接方法，制定的海上接桩横位自动化焊接专项工艺填补了国内空白，为优质、高效完成帕德玛大桥钢管桩制造任务提供了技术支撑。

在世界首座跨度超千米的公铁两用斜拉桥——沪苏通长江大桥新钢种焊接中，她攻克了Q500qE钢材在钢桥上首次采用的焊接技术难关，解决了重达1800吨的大型全焊整节段桁梁的焊接难题，为推动我国铁路桥梁新钢种从Q370qE到Q420qE再到Q500qE的三大跨越做出了重要贡献。

传经送宝，育就桃李

"一个人再能干，个人的力量也是有限的，我希望把技术毫无保留地传给更多的人，培养更多的年轻人，同时也希望更多的人走进一线了解电焊，近距离感受中国制造的魅力。"王中美如是说。为此，王中美积极传经送宝，现身说法。

2013年，王中美接过了"女子电焊突击队"领头人的接力棒。她不仅要求自己焊接的成品成为"免检产品"，还严格要求"女子电焊突击队"成员完成的产品一次性探伤合格率达到99%以上。如今"女子电焊突击队"已成为中铁九桥最能啃硬骨头的尖刀连，哪里施焊难度大，哪里就有她们奋斗的身影。

2015年，中铁九桥创立"王中美劳模创新工作室"。六年多来，以劳模创新工作室为平台，王中美利用自己在钢梁焊接领域的专长，围绕施工现场技术难点和热点，带领工友们相继开展三十多项材质实验和焊接攻关任务，开展面向一线职工的技能培训、考试等活动三千六百多次，不仅为企业培养出一大批优秀电焊工，更为九江市各大职业高校、工业园区企业培养了大批人才。

在王中美的徒弟中，很多人已成长为高级工、技师，其中徒弟刘青先后被授予"江西省劳模""赣鄱工匠"等荣誉称号。现在，王中美已经放心地把"女子电焊突击队"的接力棒交到刘青手中。

2020年3月，作为党的十九大代表，她主动向单位提出建立"习近平新时代中国特色社会主义思想王中美学习小组"，发挥典型引领作用，通过形势任务教育的宣贯、座谈等推动习近平新时代中国特色社会主义思想走向基层，走进一线职工心中。以"普通人讲普通事、身边人讲身边的事"为形式，通过经常性地开展学习、研讨等活动，"王中美学习小组"已经成了提高普通职工理论水平、促进青年成长成才、开展品牌党建的一次有益探索。

王中美简介

王中美，女，汉族，1981年10月出生，中共党员，湖北省黄梅县人，中专学历，技师，党的十九大代表，中国工会十七大代表，"全国劳动模范"，全国技术能手，全国优秀共产党员，享受国务院政府特殊津贴专家。现任中铁工业旗下中铁九桥工匠技师。

王中美长期在生产一线从事特大型桥梁焊接技术攻关及电焊作业工作，先后参加了六十多座世界一流桥梁的焊接和前期焊接试验任务；取得了27项技术攻关、17项创新成果，多项工艺填补了国内空白；依托"王中美劳模创新工作室"，带领工友相继开展三十多项材质实验和焊接攻关任务。先后荣获"全国三八红旗手""全国五一劳动奖章""中国青年五四奖章"等称号，并作为"两优一先"代表受到国家领导人接见。

港珠澳大桥"守护者"

——记中铁工业旗下中铁山桥南方装备工程有限公司安全监察部部长 马学利

2018年10月23日，在举世瞩目的港珠澳大桥正式开通仪式上，一名普通电工作为几十家参建单位、数十万参建员工的20名优秀代表之一，受到了习近平总书记的亲切接见。获此殊荣的就是"全国劳动模范"、中铁山桥港珠澳项目电工高级技师马学利。

信念——成为"劳动模范"一样出色的工人

1992年6月，马学利由山桥技校毕业进入山桥工作，成为了一名电气技术工人。

在中铁山桥这个历史悠久、传统光荣的大家庭，马学利受到了深刻的启发和影响，司然、刘之义等全国劳模成了他的心中偶像。他暗下决心：好好努力，成为像他们一样出色的工人。

这一坚定的信念化作了极大的动力，化作了他追逐梦想、拼搏进取的坚实步伐。

马学利的名字有一个"学"，这就注定他好学钻研、不怕吃苦，执着用心，干什么都要做到最好，不明白的弄不明白绝不罢休。工作之初他被分配在线路班，后到车间变电室，又被调到试验班，无论是在哪个岗位，他始终以高度的热情、满腔的激情对待工作、对待学习。难活、累活、苦活抢着干，把这些当作学习锻炼的好机会。他购买多本专业书认真研读，虚心向他人求教，养成了认真负责、精益求精的工作作风，很快成为公司首批"名师带徒"中的青年电工。在师傅的言传身教下，他更加努力地练就过硬的本领，成为能够承担线路安装维修和各种大型设备电气安装调试的能手，因此被聘为工人技师，并光荣地加入了中国共产党。

2011年，他作为队员参加了中国中铁第十届青年电工技能大赛。经过理论考核及电路设计、配盘、高压运行等实作拼搏，中铁山桥队获得了团体第一名，他个人取得了大赛第四名的好成绩，被授予"中国中铁杰出青年岗位技术能手"称号，后又被国资委授予"中央企业技术能手"荣誉称号。

坚持——在大型工程项目中不懈地磨炼

2004年，马学利到重庆菜园坝大桥项目部负责电气维修工作，开始了他的项目部工作生涯。

刚到菜园坝大桥项目部时，他发现租赁的厂房内的电气线路存在问题。为确保安全，他利用业余时间，在不影响生产的前提下花了一个月时间将整个电气线路修整了一遍。此后的8年时间里，他先后参与了重庆菜园坝大桥、青岛海湾大桥、鄂尔多斯东胜景观大桥等五座大桥施工用电线路、电气的设计和安装。他认真负责，勤于思考，善于攻关，乐于奉献，解决了大量难题，赢得了同事和业主的高度评价。

在青岛海湾大桥的建设中，为保证大桥的质量和安全，大桥建设指挥部在所有施工单位中开展了为期两年半的劳动竞赛。竞赛中，作为桥梁钢结构生产制造企业的电气安全工作负责人，马学利秉持"没有最好，只有更好"的自我要求，竭心尽力，废寝忘食地做好每一项工作，以无一疏漏的突出贡献被青岛海湾大桥指挥部评为先进工作者，并被中华全国总工会授予"全国五一劳动奖章"。

多年的项目部工作有着大旱、大涝、地震等种种自然灾害的遭遇，有着一次次的水土不服，有着艰巨的任务和重重的压力，有着这样那样的困难和问题，有着一个又一个春节坚守在工地。但马学利始终如一，顽强地坚持着，为的是项目的安全、质量和效益。2005年菜园坝大桥施工时，9个月他才回了一次家。

后盾——家庭和睦给予无限的力量

在谈到成功男士的家庭生活的时候，人们往往会用"成功男人的背后都有一个不平凡的好女人"这句话来形容他的妻子。那么，对于马学利来说，是否也是如此呢？

马学利和妻子张丽斌是山桥技校同学。婚前，张丽斌看上的就是马学利的诚实、忠厚、好学、上进。婚后，张丽斌给予了丈夫更多的欣赏和支持。买书学习，支持；拜师学艺，支持；参与技术攻关，支持；加班加点抢修设备，支持；离家去项目部工作，支持……这些支持让马学利拥有了忘我工作、投身事业、创造辉煌的坚实后盾。

婚后不久，张丽斌就把退休的公公和婆婆从老家接来与他们同住。马学利刚到项目部工作的时候，儿子刚4岁半。年幼的孩子，年迈的老人，每天的工作，张丽斌忙得团团转，但为了让丈夫能够安心工作，她坚强地支撑着这个家。

马学利工作照

2009年的一天，公公在小区门口突然脸冲地面摔倒，满脸是血，很是吓人，急送医院救治。但在马学利打来的电话中，张丽斌却只字不提此事，在没有大碍的检查结果出来后才告诉他。

2014年8月，在马学利回来参加安全注册工程师考试的第二天，77岁的父亲遛弯时意外摔倒，造成胯骨粉碎性骨折。照顾父亲才几天，回去的日子就到了。看着术后的父亲他内心很是纠结，了解丈夫的张丽斌对他说："走吧，家里事不用你管。我行的，你放心好了。"豁达的父亲也冲他挥手："去吧，去吧，有丽斌呢！"

谈到自己的辛苦和付出，张丽斌不禁泪珠滚落："我是很累，但他比我更累。想到他的累，我的心好酸，真是心疼他。"

升华——超级工程中奏出完美乐章

2012年，中铁山桥中标了世界最长跨海大桥港珠澳大桥CB01标段钢结构制造工程。

　　为将港珠澳大桥钢结构生产制造成世纪精品，中铁山桥选调精兵强将组建了港珠澳大桥项目部，马学利被任命为电气高级技师赴中山基地工作。6年时间里，马学利一直负责港珠澳大桥电气安全工作。

　　港珠澳大桥的工作标准是"零伤害、零事故、零污染"。面对高标准，马学利勇挑重任，迎难而上，将参与大桥建设的崇高荣耀和尽善尽美的质量追求融入各项工作之中。他编制管理文件，建立管理体系，为安全管理提供制度保障；他坚持工地巡回，随时发现问题，消除安全隐患；他运用"情景再现法"苦口婆心地对文化水平较低的农民工进行安全教育，效果显著；在"天竹"等特大台风来临之际，他日夜坚守在一线，确保万无一失；面对可能到来的登革热，他完善设施设备，购置药品器具，宣传卫生常识，建立保健室，全心全意服务，一千三百多人无一人染病。

　　港珠澳大桥标志性象征——青州航道桥的"中国结"高 164.6 米，其中，钢结型撑高 50.15 米。安装"中国结"不仅施工难度大，而且安全风险系数高。在吊装与施工平台安装验收时，马学利发现平台有一处缺少了不到半米的踢脚板。而缺少踏脚板就可能发生人身和施工重大事故，后果不可预测。为此，马学利迅速要求搭设方必须补上这一小块踢脚板。经过他的据理力争和耐心说服，搭设方终于接受了意见并进行了整改，确保了施工最后环节的安全。

　　马学利几近完美的工作为项目的顺利

马学利工作照

进行做出了突出贡献，他所在的项目部被港珠澳大桥管理局授予"HSE综合管理优秀项目经理部"称号，同时马学利被授予"HSE综合管理优秀个人"称号。2015年，马学利被授予"全国劳动模范"荣誉称号。

"当我握着习总书记厚重而温暖的手，当面聆听教诲，感到十分的激动、莫大的荣耀和无比的自豪。我觉得，这份荣誉不仅仅属于我一个人，更属于港珠澳大桥桥梁工程每名参建者，属于中铁山桥和中国中铁全体员工。"马学利激动地回忆起当时被习总书记亲切接见时那一刻的感受。

30年的工作经历，马学利在擂台上成长，在平台上成熟，在舞台上成功，无处不体现一名共产党员的忠诚、敬业、担当，更体现出"山桥工匠"的坚守、创新、执着，铸就了一名普通劳动者的精彩人生。

马学利简介

马学利，男，汉族，1973年5月出生，中共党员，河北卢龙人，大专学历，现任中铁山桥南方装备工程有限公司安全监察部部长，荣获"全国劳动模范"、中国中铁杰出青年岗位能手标兵、"全国五一劳动奖章"、中央企业技术能手。

2012年，马学利参与了港珠澳大桥的建设，作为电气高级技师，他充分发挥自己的专业特长，对原设计方案提出改进措施，积极协调电力施工，确保了电力施工如期完工。他加强安全文化宣传，认真组织隐患排查工作，做好防台应急管理工作，实现了项目部"零伤害、零事故、零污染"。

奔赴远方的桥

——记中铁工业旗下中铁宝桥"王汝运创新工作室" 带头人 王汝运

京广线郑州黄河铁路桥下游110米处,有我国黄河上唯一一座四线铁路特大型桥梁,"力扛"郑焦城际铁路和改建京广铁路跨越黄河,五十多岁的中铁宝桥集团有限公司电焊特级技师王汝运为铸造这一"钢铁巨龙"感到自豪。

16岁就开始和电焊打交道、有着35年造桥史的王汝运与中国桥梁的发展紧密相连。35年来,他参建的国家和地方重点工程总吨位超过50万吨,捧回"国家优质工程金奖""全国优秀焊接工程奖""古斯塔夫斯·林德恩斯奖"等国际国内大奖;为中铁宝桥集团有限公司打造"中国桥梁"国家名片做出了突出贡献;曾荣获全国技术能手、"全国劳动模范"、享受国务院政府特殊津贴专家、全国岗位学雷锋标兵、陕西省首席技师、陕西省杰出能工巧匠、"中国中铁焊接大师工作室"技术带头人等称号。

求学:在跨越障碍中成长

三十多摄氏度高温作业、弧光灼眼、噪声刺耳、工作强度大、技术标准高,这其中的任何一点都可以成为王汝运放弃这份工作强有力的理由,然而

王汝运工作照

要坚持下去，并且越干越出色，着实不是一件容易的事。

1986年参加工作时，由于学历低，王汝运看不懂生产图纸，焊接工件质量问题多，关键生产插不上手。他自费购买了大量焊接技术方面的书籍，坚持每天下班钻研，经常熬到凌晨。三十多年下来，他留下了十几个厚厚的笔记本和7支写坏的钢笔。

面对技术技能的不足，他勤学苦练，最终掌握了手工焊、氩弧焊等焊接方式，以及立焊、仰焊、全位置焊、单面焊双面成型等操作要领。

1995年4月，在距离宝鸡遥远的汕头，中铁宝桥决定动工兴建一座跨海大桥——汕头礐石大桥。

汕头礐石大桥是广东省汕头市境内连接金平区与濠江区的跨海通道，是汕头市西南部的城市主干道路的组成部分之一。大桥动工两年后，即1997年，王汝运被派往汕头，承担汕头礐石大桥的焊接工作。平日常用的焊接方法是横焊，但面对汕头礐石大桥王汝运却犯了难。在施工现场，仅用横焊的技术是不够的，他和工友们必须突破创新。于是，他们采取了横焊、立焊、仰焊等相结合的方法，但也因此其焊接难度变大了。汕头礐石大桥立在江水之上，一般人不会关注它所采用的焊接方法，但焊接这座桥成了令王汝运骄傲的一件事——在这座桥的焊接工作中，他创新研究出一种新工艺：单面焊双面成型。

奋斗：让青春华彩绽放

"作为一名一线工人，技术只能代表能力，实干才能代表品质，不好好干活一切都是零。"王汝运经常这样对工友说。干最苦的活儿，啃最难的骨头，流最多的汗水，出最好的业绩，是他35年来从事电焊工作的真实写照。

1997年，在国家重点工程南京二桥建设过程中，王汝运作为青年突击队队长，在桥面温度达到六十多摄氏度的恶劣环境中，每天工作14小时，

王汝运工作照

苦干大干60天，完成了大桥钢箱梁环缝焊接任务，一次探伤合格率达到100%。他一人完成的焊缝总长度达到两千多米，几乎相当于长江南岸到北岸的直线距离。

2002年，在国家重点工程安庆长江公路大桥生产大会战中，王汝运连续大干3个月，攻克了厚板熔透焊等诸多难题，一次探伤合格率达到98%以上，提前完成了焊接生产任务。多年来，他每年完成的工时始终在小组名列前茅：2002年完成工时4367小时，2003年达到了惊人的5619小时，一年相当于身边工友干了两年的活儿，被大家称为"走在时间前面的人"。

多年的电焊工作，使得王汝运的手上、胳膊上、腿上布满了电焊留下的星星点点焊疤，这是电焊工职业留给他的特殊"纪念"。焊接工作劳动强度极大、作业环境较差、技术要求高，干的是粗活累活。这个行业人才缺口大，这些年来，年轻人来了一拨又走了一拨，可他一直坚守在岗位上，一心扑在融苦、脏、累、难为一体的桥梁焊接工作岗位上，为自己深爱的这份职业几乎倾注了全部精力，成了行业内著名的电焊特级技师，并荣获了一项又一项荣誉。

授业：挑起创新带头人重任

飞溅的焊花绽放出炫目的弧光，在王汝运的心里有着难以体会的分量。

2017年，作为中国中铁代表队的领队兼总教练，王汝运率队参加了上海金砖国家国际焊接大赛，一举获得团体银奖和优秀组织奖两项荣誉，为有着三十多万职工的中国中铁赢得了国际荣誉。

他把技术创新成功地运用于生产中。在钢梁和道岔生产中，他总结了氩弧焊、螺柱焊及铝热焊等一套行之有效的焊接方法，产品质量高，生产效率高，因此得到广泛推广。他在郑新黄河大桥、郑焦城际黄河大桥钢梁焊接变形控制方面进行课题攻关，设计改装的焊接反变形胎型和胎架有效解决了焊接变形问题，缩短了车间待工时间。

围绕钢桥梁、钢结构工程生产建设，他先后完成重点产品制造工艺攻关三十余项，实施工艺革新六十余项，解决生产技术制造难题百余项，创造了"双枪连续包头焊接工法"等焊接工法十余种，累计为企业节约成本和创造价值一千多万元。

多年来，围绕钢桥梁焊接技术创新，王汝运的步伐从未停止也从未缺席。芜湖长江公铁两用大桥是国内首次采用板桁组合结构建造的桥梁。在大桥生产制造中，他针对整体节点焊接变形控制难度大的问题，采用二氧化碳药芯焊丝焊接熔透焊缝的焊接工艺，一次探伤合格率达到99.6%以上，生产效率提高了5倍。南京长江三桥钢塔柱高215米，重12000吨，被誉为"中国第一塔"。在项目制造中，他建议对结构形式复杂、断面大、焊缝密集的钢塔节段采用"板单元件、块体、箱体"三步完成的制作工艺，大大提高了生产效率，保证了塔段整体的几何精度，成功打造出了世界第一座圆曲弧线形钢塔，南京三桥"一桥飞架南北，当惊世界殊"。重庆朝天门长江大桥主桥为190米+552米+190米三跨连续钢桁系杆拱桥，为了确保钢锚梁焊接质量和进度，王汝运亲自担任突击队队长，共焊接锚箱196个，一次探伤合格率达到99.6%以上，得到了业主的高度评价。

"市场思维的改变，产品技术的升级，要求我们这代工人不仅要能干苦干，还必须会干巧干，不创新迟早会被淘汰。"王汝运这样对工友说。

在中铁宝桥成立以王汝运命名的"劳模创新工作室"后，他主动挑起创新带头人重任，先后培养出特级技师3人、高级技师6人、技师7人、高级工25人，使工作室成为孵化高素质高技能职工队伍的"大学校"，为企业提质增效、转型升级、人才强企、创新发展做出了积极贡献。目前，"王汝运劳模创新工作室"已成功跻身宝鸡市、陕西省职工（劳模）创新工作室行列，并于2017年被中国中铁设立为首批"技能大师工作室"。

很多时候，桥对于王汝运来说是遥远的。他们焊接好的构件会被运出，去组装一座桥。所以王汝运有时会在宝鸡的山里远远地想象着大桥建成的样子，心中涌起巨大的成就感，那是他寄托在远方的理想，是他编织在远方的梦，让他想起16岁出门远行的那个少年。

王汝运简介

王汝运，男，汉族，出生于1970年1月，中共党员，山东省宁阳县人，初中文化。2010年4月至今任中铁宝桥钢结构车间高级技师、班组长，2003年1月以来担任中铁宝桥焊接培训站实操指导教师，2011年1月以来担任中铁宝桥"王汝运劳模创新工作室"带头人。曾获得中华技能大奖、"全国劳动模范"、全国岗位学雷锋标兵、全国技术能手等荣誉称号，享受国务院政府特殊津贴专家，是"王汝运创新工作室"带头人。

自参加工作以来，王汝运立足岗位，勤学苦干，不断攀登自己的人生高峰，实现了从学徒工到大工匠、从普通员工到"全国劳动模范"的"华丽转身"。特别是在我国从"桥梁大国"迈向"桥梁强国"的进程中，王汝运先后参与建设了十多座驰誉中外的大国工程，充分展示了中国桥梁工人精湛的技艺、高超的实力和顽强的作风，被称为我国桥梁界的"工人专家"和"技术大拿"。

一定让猺窝村成为全县脱贫红旗村

——记中铁三局六公司副总经理　刘小营

"作为中国中铁派驻的驻村挂职干部，能为当地群众实实在在做些事情，我觉得很有成就感，在这场脱贫攻坚战中能获得表彰我感到非常荣幸，脱贫不是终点，而是我和村里的乡亲们新奋斗的起点，我将在本职岗位上争当干事创业的排头兵，努力为保德县发展再做贡献"。中国中铁派驻山西省忻州市保德县韩家川乡猺窝村挂职第一书记刘小营在获得全国脱贫攻坚先进个人时坚定地说道。

2021年2月25日，全国脱贫攻坚总结表彰大会在北京人民大会堂隆重举行，中共中央总书记、国家主席、中央军委主席习近平向全国脱贫攻坚楷模荣誉称号获得者颁奖并发表重要讲话。大会还对全国脱贫攻坚先进个人、先进集体进行了表彰。山西省忻州市保德县韩家川乡猺窝村驻村第一书记、中国铁路工程集团有限公司中铁三局集团第六工程有限公司团委书记、经营开发部副部长刘小营荣获"全国脱贫攻坚先进个人"荣誉称号。

2018年是国家打赢脱贫攻坚战三年行动起步之年，2018年8月9日，受中国中铁委派，刘小营来到山西省忻州市保德县韩家川乡开始了驻村扶贫工作。

办实事　解民忧　真心帮扶暖人心

刘小营是地道的农民家庭出身，大学毕业后他怀揣的梦想就是要做一个对社会有用的人。"做人要诚实守信，做事要踏踏实实，要做一个对社会有用的人"刘小营时刻都把父母的谆谆教诲谨记于心。来到猯窝村后，刘小营看到猯窝村村民生活比自己小时候生活的农村还穷很是着急，发誓一定要让猯窝村尽快脱贫，成为全县的红旗村。心系贫困户，与贫困户同吃、同住、同劳动，刘小营开始了他的暖心行动。

保德县地势高低起伏，交通条件不便。刘小营驻村第二天的一个晚上，一个贫困户膝盖骨骨折向他求助，他二话不说，直接开车送到县城就医，当安顿完一切默默离开时已是天亮了；还有一次凌晨三点，一个村民肾结石病症突发，刘小营得知消息后，第一时间驾车带着村民去县城就医，受医疗条件限制，又辗转送到省外医院医治，村民病情症状及时得到控制。诸如救急村民于危难之时的例子不胜枚举。平日里，他的私家车就是猯窝村的公交车，接送村民到乡镇和县城办事成了他的常态化工作。

为改善村民身体健康状况，切实提高帮扶力度，2019年4月，通过刘小营的积极努力，中铁三局中心医院的4名专家和10名医务人员组成的体检医疗队来到猯窝村，为全村常住的35户75人进行了免费全面健康体检并及时出具报告，对症下药，提前有效控制身体健康隐患的发展。

根据村里老年人居多的特点，刘小营手把手教村民使用智能手机，感受现代生活魅力。从开关智能手机开始，接打电话、存储号码、拍摄照片、连接Wi-Fi、接收信息、安装微信、语音视频聊天、查看天气、发朋友圈、线上充值缴费、地图导航、网上购物等等，他都不厌其烦地一遍一遍讲给村民

刘小营工作照（右一）

们听。他还购置扶贫政策、疾病预防、紧急救治、生活小窍门、党组织建设、健康养生等方面图书累计三百余册，构建村民学习交流园地，丰富村民精神文化生活。村民都说，小刘书记是个好后生，有他在，我们的生活太方便了。

改观念寻发展　落实产业见实效

只要思想不滑坡，办法总比困难多。自信满满的刘小营勤于思考，因地制宜，用新思路点亮每一个被忽略的生活，真正为民排忧解难。

让猹窝村快速脱贫这根弦在刘小营心里始终绷得紧紧的。2019年以来，刘小营通过网络渠道帮助村民销售各类农产品累计超过3万元，共惠及建档立卡贫困户12户。2020年5月，"从认购一棵枣树开始……"当这条信息在朋友圈发出之后，刘小营的好朋友很快就认购一棵枣树。刘小营知道这除了是出于友情支持以外，他们也觉得这个事情靠谱，300元一棵，保底有50斤红枣包邮到家，为扶贫尽一份力的同时，还能以枣树成长记录为素材培养孩子的兴趣，一举多得。

2020年4月的时候，保德县王家岭至韩家川扶贫公路正式开工建设，但原设计这条路与猸窝村"擦肩而过"。刘小营得知施工单位是中国中铁子公司中铁设计后，第一时间联系相关设计负责人，带领村两委主干多次请设计人员到村实地考察，积极推荐改线方案。经过多次努力沟通后，扶贫公路由原先绕行猸窝村改为与入村主干道并线通行方案，新方案大大减少征拆工作量的同时也直接导致投资增加两千余万元，但这对猸窝村的后续发展将发挥重要作用。该公路为村民出行提供方便的同时也为下步沿线餐饮、住宿、汽修等产业创造了机会。

刘小营琢磨着每次带着村里的"队友"——村两委主干们一起做事，就是希望自己挂职期满结束后，有人能接过猸窝村发展的接力棒。2020年6月，刘小营通过网络联系机制木炭设备制造厂家，并个人出资带着村两委主干和村民代表到河南郑州进行实地考察，确定今年的集体产业发展方向，初步实施方案已确定，该项目目前已正式投产，枣树为当地特有资源，利用每年修剪下的树枝，就地取材，变废为宝，每年产值可达10万元以上，可惠及三十多个贫困户。

刘小营工作照

抓党建筑堡垒　不负韶华争朝夕

抓基层党建是第一书记的第一要务，刘小营从提高基层党建工作的数量和质量入手，严格执行"三会一课"制度，规范党组织生活纪律，定期开展支部主题党日活动。

猫窝村综合服务中心是中国中铁捐建、中铁三局承建的项目，受到广大村民一致称赞。按照集体"四议两公开"决策制度，经过党支部提议，两委会商议，党员大会审议，村民大会决议，项目于2019年11月开工建设，2020年5月竣工完成。建设村级综合服务中心，旨在改善村民居住环境，提升村民生活质量，满足村民精神文化需求。服务中心建筑面积约300平方米，浴室、活动室、餐厅、厨房、宿舍等一应俱全，家用电器、厨房设备等均配套完善，解决了村内公共服务设施匮乏问题，已达到村民在家门口即可享受和城市生活服务水平一样的标准。同时具备探索发展农村就地养老模式条件，进一步解决外出务工人员的后顾之忧。

2019年4月，刘小营主动要求对村里因儿子患大病致贫户王存兵进行一对一结对帮扶。为该户内三人申请办理低保救助；帮助其办理医疗报销和慢病补贴；为该户申请大病医疗救助补贴和相关市、县级医疗救助；为其在村内设置公益性岗位增加收入；帮助其联系保德好司机协会参加培训取得驾照，拓宽就业渠道。经过一年来的帮扶，该户于2020年6月脱贫摘帽，至此，猫窝村全村贫困人口数量清零。

两年多来，刘小营把猫窝村当成了自己的家，把贫困户当成家人，用实际行动带领着猫窝人一步步实现脱贫摘帽，用自己的言行诠释着新时代扶贫干部献爱于农村、服务于农民的奉献精神。在他和乡亲们的共同努力下，2019~2020年，猫窝村党支部连续两年被评为全县"优秀基层党支部"，

2020年获得保德县"红旗党支部"荣誉称号，同时在保德县从全县222个行政村中评选出6个脱贫红旗村时，猫窝村榜上有名且排名全乡第一，而刘小营也获得了2019年保德县"五一劳动奖章"和优秀"农村第一书记"称号，2020年获得中铁三局"十大青年好干部"荣誉称号，成为一名政治过硬、作风优良、群众爱戴的驻村第一书记。2021年2月25日，在全国脱贫攻坚总结表彰大会上，刘小营被授予"全国脱贫攻坚先进个人"荣誉称号。

昔日老区贫如洗，今朝故土换新颜。

"我们这个村近两年来发生的巨大变化，多亏了中国中铁，多亏了小刘书记。我们的衣食住行都和时代接了轨，不光生活上脱了贫，精神上也脱了贫，让我们老有所依，老有所乐。我们现在很有幸福感啊！"今年63岁的韩老伯边说边竖起大拇指，话语中充满了感激之情。

刘小营简介

刘小营，男，汉族，1988年10月出生，中共党员，河南辉县人，毕业于青海大学土木工程专业，大学本科学历，2011年7月参加工作，历任中铁三局六公司见习生、工程师、团委书记、经营开发部副部长。2018年8月9日，受中国中铁委派到山西省忻州市保德县韩家川乡猫窝村，任"驻村第一书记"。

两年多来，刘小营把猫窝村当成了自己的家，把贫困户当成家人，用实际行动带领猫窝人一步步实现脱贫摘帽，用自己的言行诠释了新时代扶贫干部献爱于农村、服务于农民的奉献精神。2019~2020年，猫窝村党支部连续两年被评为全县"优秀基层党支部"，2020年获得保德县"红旗党支部""脱贫红旗村"荣誉称号。2021年2月25日，刘小营荣获"全国脱贫攻坚先进个人"荣誉称号。

抗疫火线"逆行" 守得春暖花开

——记中铁四局中心医院副主任医师 张 浩

新冠肺炎疫情暴发不久，中铁四局中心医院副主任医师张浩等医护人员主动请战，奔赴武汉，成为这场疫情阻击战中"勇敢的逆行者"。2020年10月，张浩被评为"全国抗疫先进个人"。

胸怀医者仁心 抗疫主动请战

张浩性格温和，医术精湛，行医23年来，一直被患者视为值得信赖的医生。作为一名有着十几年党龄的老共产党员，他还多次主动请缨到祖国最需要的地方去。建设世纪工程青藏铁路时，在高寒缺氧的恶劣条件下，张浩和同事们一起建立工地医院和巡回医疗队，守护青藏铁路参建员工和当地藏区牧民的生命健康；参与2003年抗击非典战役时，张浩衣不解带地与同事们战斗在抗击疫情第一线。在这次新冠肺炎疫情暴发初期，张浩作为内三科主任，始终坚守在中铁四局中心医院防控一线，时刻关注疫情动态，在员工居家隔离、科室防护等方面做了大量的工作。

2020年1月30日晚，一条信息出现在中心医院微信工作群：招募医院应急小分队，随时接受党和政府的征召，驰援武汉一线。"我是党员，我报名。"没有一丝犹豫，张浩第一时间报名请缨，他向组织表示，自己从事9

年感染科工作，14年呼吸科工作，参加过青藏线非典和鼠疫防治工作，有经验、有责任尽自己的一份力量驰援武汉疫区。然而，主动请战的背后却有着让张浩难以割舍的亲情。张浩的父母均已超过80岁高龄，需要他经常去料理、照顾；妻子罹患癌症刚做完手术才一个多月，还在化疗休养期，且每次化疗都要承受精神和肉体的双重痛苦，此时正需要丈夫的陪伴与照料；孩子正值高三，处于紧张而关键的备考关键期……而在家庭亲情与抗击疫情的选项中，他毫不犹疑地选择了挺身而出，逆风前行。同为医生的妻子非常尊重丈夫的决定，帮张浩做通了老人的工作。为了让他做好防护安心去支援疫区，还细心地叮嘱他："不用担心我，没有大家也就没有小家，希望疫情早日结束，你能平安归来。"儿子对张浩的选择也感到自豪，向父亲表示："老爸放心，我已经长大了，一定在家帮你照顾好爷爷奶奶、照顾好妈妈。"2月19日，张浩和本院两名护士长凌素花、赵怀俊入选安徽省组建第七批援鄂医疗队，20日下午随队启程出征武汉。

"火线"绽放芳华　托起生命之舟

张浩到达武汉当天就进入了紧张的培训中。他生怕因自己的疏忽耽误抢救时间，让患者失去宝贵的生命，在二十多个小时的培训时间里，盯紧培训时的每一项要求，熟记每一个动作，认真反复揣摩练习，先后完成了医院感染防控、重型危重型诊疗方案、新冠肺炎CT早期征象与鉴别诊断等十余种培训任务，熟练地掌握了新冠患者的临床诊疗方案、工作流程以及自身的防护要求，迅速地投入到救治患者的最前线。

2月26日，张浩与安徽省170名援鄂队员进驻武汉市中心医院后湖院区，他们接管了2个病区80张床位的救治任务。这里是武汉重疫区的"重疫区"，

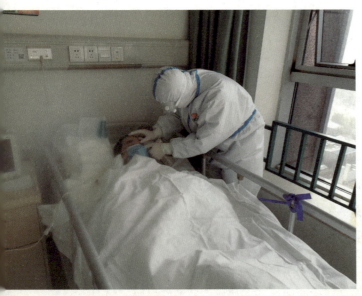

张浩工作照（右一）

有着极高的被感染风险。他进入的第二天全院就新接收确诊患者300名。作为此批安徽援鄂医疗队里年纪最大的医生、治疗小组组长、团队专家组成员，他感受到从未有过的压力。为了从死神手中抢救更多的生命，张浩所在的医院实行24小时不停接诊，每6小时一班。从驻地到医院车程40分钟，加之班前、班后的防护程序，一个班次将近11个小时后才能吃饭休息。因为穿戴防护服及消毒时间过长，张浩和同事们经常在病区工作时选择不吃不喝，尽量不上厕所，与时间赛跑，把生的希望给予每一位患者。一天下来，张浩常常是嘴唇干裂，喉咙火烧火燎般难受，脸上和头上被防护服、口罩勒出了深深的印记。作为专家组成员，别人下班后，张浩还积极参与专家组讨论病患病情会议，研究诊疗方案，解决疑难问题，每天就像陀螺一样在院区、病区、驻地旋转。除了专业治疗，医疗队还要花费大量时间抚慰焦虑的患者，张浩用他长期积累的医患应对经验对情绪急躁的患者开展心理疏导和安慰，用耐心细致的工作赢得患者的赞誉。有一位57岁的女患者，家里9名亲戚都确诊了。她被接诊到张浩手中，经过两周的治疗和心理疏导，已经明显好转。她非常高兴地对张浩说："我真的想抱抱你，但是不行。我们就做一个加油的手势吧！"一位小伙子被确诊后辗转了多个隔离点和社区医院，最后住进张浩接管的病区，并得到了有效的救治。他感激地说，非常感谢你们安徽医疗队对我的精心救治。截至3月16日，张浩进驻武汉市中心医院的3周中，他已接诊新冠患者19人，其中14人已康复出院。

执着坚守岗位　期盼春归江城

2020年3月14日，武汉防控指挥部医疗救治组发布10家新冠肺炎救治定点医院名单，张浩所在武汉中心医院后湖院区是其中之一。这意味着安徽第七批援鄂医疗队要继续坚守在救治第一线，直至疫情完全得到控制。此

张浩工作照（面向镜头者）

时，他的妻子开始第三次化疗，呕吐频繁，情绪低沉，加之治疗方案也需要进行调整，妻子希望他能早点回来。作为此批安徽援鄂医疗队里年纪最大的医生，他温柔地安慰妻子道："我是团队的老大哥，不能在抗疫的最后关头掉链子，你放心，抗疫马上就要取得最后胜利，我很快就回来陪你。"随后，张浩重新调整状态，开始坚守的准备工作。他一边继续原有的患者救治，一边整合现有病区患者，清理床位、消毒病区，继续收治陆续分流过来的病人。根据当时疫情最新通报，武汉市仅存八千多名确诊病例，已全部分摊到10家定点医院，张浩又开始了紧张的隔离防护、定点查房、写诊断医嘱、开专家碰头会的日常四部曲。虽然很累，但是他觉得春天已经到了，我们医护人员一定会和武汉人民一起迎来最终的胜利！

　　10天的时间转瞬即逝，2020年3月23日，武汉抗疫指挥部根据大数据作出判断，国内疫情得到根本控制，武汉新增病例持续为零，存留病患已经很少，当地医院完全可以保证治疗。因此，只留下3家医院继续收治新冠肺炎患者，另外7家医院的援鄂医疗队24日可以胜利返程。

　　接到通知后，张浩没有过多的激动，而是静下心来把手中的工作默默地整理、归档、交接。在离开时他跟武汉的同仁依依不舍地话别："这是座英雄的城市，感谢武汉所有为这场疫情付出过的人们，加油武汉，加油中国。"

张浩简介

　　张浩，男，汉族，1970年8月出生，中国共产党党员，上海市松江县人，毕业于南京铁道医学院临床医学系，1997~2003年在中铁四局中心医院先后任见习生、医师、主治医师，2003~2005年在中铁四局青藏铁路工地医院助勤，2005年至今在中铁四局中心医院先后任副主任医师、医务部副主任、内三科副主任、急诊科主任、内三科主任。曾荣获全国抗疫先进个人、安徽省五一劳动奖章、安徽好人、中铁国资劳模等荣誉。

　　2020年初面对来势汹汹的新冠肺炎疫情，他克服妻子患病、儿子高考等困难，主动请战奔赴武汉。作为武汉中心医院后湖院区医疗组第五组组长，他连续值班，埋头奋战于发热病区的诊疗和专家组讨论中，成为这场疫情阻击战中"勇敢的逆行者"。

46

远征南极的极限战士

——记中铁建工集团南极相关项目生产副经理　罗煌勋

　　他把自己12载岁月奉献给了南极的建设事业，体现出了一个国企人的责任与担当。他就是中铁建工集团南极工程建设者罗煌勋。

　　从2007年至今，罗煌勋九赴南极承担科考站建设任务，在极风、酷寒、极昼、暴雪、强紫外线等极端恶劣天气中坚持南极工程建设，累计时间达一千七百多天，三次参加极夜越冬任务，留下了永不磨灭的南极印记。十余年来，他探索出了多种南极超低温综合施工技术，为人类认识南极、保护南极、利用南极做出了突出贡献。他也从一名普通的基层农民技工成长为施工现场经理，获得了中国极地考察30年"先进个人"称号、南极科考队"优秀队员"、中国中铁"开路先锋"卓越人物等荣誉。

泪别八旬老母赴南极

　　2010年11月8日是所有队员集合登船的日子，但就在7日下午5点，一个突如其来的电话却打断了平静。电话是队长罗煌勋妹妹打来的，妹妹告诉罗煌勋，80岁的母亲突发脑血栓病危，正在医院重病监护室抢救。

　　罗煌勋听完电话陷入焦急之中，一面是南极考察即将启程，一面是老母亲重病住院。"我已经在南极连续过了4个春节了，都没好好地尽过孝。我特别担心，也许这次回去可能是看我母亲最后一眼了。"罗煌勋担心的同时也真诚地向领导保证："你们放心，我清楚自己身上的担子有多重，回去无论结果如何，我明天都会准时归队，带着这帮兄弟把活儿干好，平平安安回来给公司一个交代。"

在老家的医院里，罗煌勋在见到母亲的那一刻，双眼被泪水蒙住了。"看到昏迷的母亲浑身上下插着管子，我是揪心地痛。真的很担心我一走就会再也见不到母亲了，我多么希望能留在母亲身边多尽点孝。"

一边是南极科考站工程紧张的建设，老队长刘笃斌有伤不能去，刚把这份重任交给他；一边是看到老母亲很想能留下来陪伴在一旁。"我思想斗争得很厉害，但做人是不能在这最后关头失信的。更重要的是，南极这么大的工程和这么艰巨的任务如果连续两个队长都退出，这支队伍很有可能就会涣散，任务就有可能完成不了。"生离死别的选择，说着容易，做着难。

码头内人潮涌动，在领导、战友和亲人们的欢呼声中，平均年龄25岁的青年突击队队员身着绣有鲜艳国旗的南极科考队服，个个英姿勃发。突击队长罗煌勋代表大家铿锵表态："一定不会辜负国家和人民的嘱托，一切为了祖国南极科考，保证完成任务！"铮铮誓言在海面上久久回荡。

夺取中山站决战胜利

2019年1月19日，南极中山站建设进入攻坚阶段，此时一则突如其来的消息打乱了所有部署。雪龙船在执行任务时与冰山触碰，船体有损伤，考虑到行船安全，南极考察队必须在2月13日撤离，施工时间压缩1/3。

此时钢结构安装基本完成，如果停工，结构很可能在冬天被大雪填满，给明年施工造成极大困难。经过一夜的思考，作为队长的罗煌勋决定立即调

罗煌勋工作照（左一）

整施工计划，蔬菜温室、水暖改造停工，全力保障旧停机坪改造、保障维修车库外墙板和屋面板安装，确保其能够顺利越冬。在罗煌勋的布置下，所有队员立即投入到了中山站的决战中。

停机坪现场，多年的使用已经使旧停机坪出现多处坑洼，严重影响直升机起落，"必须赶在二次卸货前完成，保证直升机安全起降"成为施工人员共同的目标。面对考察队越来越近的撤离日期，罗煌勋每日望着还在施工的建筑，急得满嘴起水泡，尽管着急现场进度，他仍不忘叮嘱每位队员："记得系上安全带，在屋顶的时候走慢一点。"队员叶果生十分瘦弱，在屋顶作业时就像一只灵活的"猴子"，他凭借熟练的技术在安装屋面梁、紧固高强螺栓等关键节点发挥了重要作用。

在南极极端恶劣气候条件下，每一位队员都想着一定要完成任务，不能给自己留遗憾，队员们自觉延长工作时间只为多干一点，早日完成任务。"我多干一点，兄弟们就轻松点。"抱着这样的念头，罗煌勋自觉领着队员带头干，在现场四处找活，帮助施工队员搬运小型钢结构材料、切割穿墙螺杆……

　　在紧张的施工环境下，他们经过上百次的试验，探索出了"超低温砼浇筑法""坚硬岩石钻孔法"等极地施工技术；参与编制的《南极中山站项目综合施工技术研究》获得中国建筑学会、中国施工企业管理协会、中国铁路工程总公司科学技术进步一等奖，为安全、优质、高效完成极地建设提供了有力的技术支撑。

　　2019年2月1日，维修车库正式投入使用。2月11日，维修车库外围护施工完成，中铁建工集团南极建设者们取得了中山站建设大决战的胜利。

艰苦的极夜生活

　　中国南极中山站地区的极夜是从每年的5月中旬开始的。在这58天内，太阳被拒之地平线以下，平均气温在零下30摄氏度以下。这不同寻常的黑暗周期使越冬队员睡眠和昼夜节律不同步，导致睡眠紊乱，引起人体中褪黑素

罗煌勋工作照

昼夜节律失准，削弱了人的认知能力，易增加事故、损伤和错误的发生率。

罗煌勋是参加过3次越冬施工的"老南极"。他的双手干裂变形，"在南极干活，手都是这样的，这一年半载的恢复不过来。"罗煌勋笑着将手紧紧地攥起，左手中指的指甲已经完全陷在肉里。"极夜施工容易着急犯错，受伤就在所难免了。"手指受伤后经过简单包扎，老罗又开始了接下来的工作。"原来的指甲掉了，新长的就成了这样。这倒也成了好事。"队长高高肿起的手指头成了队员们的警示牌。"打那之后，大家工作更加细心了。"

说起越冬期间最难忘的事，罗煌勋认为是人与人之间无比纯洁的关系。发现队员们出现焦虑、烦躁的情况后，罗煌勋都会耐心地陪他聊聊天，疏散一下心中的烦闷。有时候他还会组织大家坐在一起唱唱歌，"《团结就是力量》最能鼓舞士气。"歌中唱出的豪情、队员们满溢的激情交织交融，似乎要融化这万年冰封的荒原，给每个队员都留下一段不寻常的南极回忆。

"除了完成工程建设外，水暖管道的维修工作也是我们要承担的重要任务。"中山站内传来了一个坏消息：室外的水管被冻堵了。在国内，水管冻堵不是什么大事情，修好就没事了。可在南极，水管冻堵意味着中山站有可能瘫痪。大家必须顶着严寒在室外尽快抢修好冻堵的水管。

中山站附近有一个莫愁湖，湖水承担着中山站的发电重任，堵塞的水管一头连着水泵房，另外一头连着发电机。在南极，电就像是人的血液，比什么来得都重要。如果两个小时内没有把冻堵的水管修好，整个中山站的循环系统就全完了。为了保证中山站的正常供电，队员们临时采用了风能发电，好让出更多的时间仔细排查。

队员开始和时间赛跑，他们顶着零下30摄氏度的低温，在黑夜中一节一节地排查水管。队员们排着队沿着七十多米的水管排查，第一组负责打开保暖层，第二组紧跟着开始迅速打孔，如果水出来了，证明这段水管是好的，必须立即堵住小孔防止结冰，其他的队员立即包扎好保暖层，防止水管再次冻堵。

　　七十多米的水管，快走到了尽头，依旧没有找到冻堵的地方。时间一分一秒在流失，队员们都十分焦急，时间对于他们来说太宝贵了。"找到了。"走到水泵房水管的最后一段时，一名队员高兴地喊。大家同时抬起了头，心里也随之长长松了一口气，锯掉冻堵的水管，重新接上根新的，填上保暖层，最后通水……几个人整整忙了6个小时，身上的汗水已经被冻成冰水，冷得发抖。

　　随着第一缕曙光在地平线上升起，中铁建工的南极勇士们终于结束了长达52天的极夜施工，经受住了一年中最艰难的考验。

　　从上海码头出发是离家，从中山站返航也是离家，在家与家之间的3万里海路，留下了罗煌勋奋斗的足迹，镌刻着他永不磨灭的青春。

罗煌勋简介

　　罗煌勋，男，汉族，1965年10月出生，1994年参加工作，湖南株洲人，中共预备党员，工程师，现任中铁建工集团南极相关项目生产副经理。荣获南极科考队"优秀队员"，"中国极地考察先进个人"称号、中国中铁"开路先锋"卓越人物、中国中铁"劳动模范"等荣誉称号。

　　2007~2022年，罗煌勋在南极建设的时间累计达一千七百多天，3次参加极夜越冬任务，连续17个月驻守南极。在南极极端恶劣气候条件下，他组织队员们经过上百次的试验，探索出了"超低温砼浇筑法""坚硬岩石钻孔法"等极地施工技术，参与编制的《南极中山站项目综合施工技术研究》获得中国建筑学会、中国施工企业管理协会、中国铁路工程总公司科学技术进步一等奖，为中国南极科考事业做出了突出贡献。